NEJLEPŠÍ PRŮVODCE VÝROBOU DOKONALÝCH SMAŽENÝCH LÍVANCŮ

100 LAHODNĚ KŘUPAVÝCH RECEPTŮ PRO KAŽDOU PŘÍLEŽITOST

Lucie Bečková

Všechna práva vyhrazena.

Zřeknutí se odpovědnosti

Informace obsažené v této elektronické knize mají sloužit jako komplexní soubor strategií, které autor této elektronické knihy prozkoumal. Shrnutí, strategie, tipy a triky jsou pouze doporučeními autora a přečtení této elektronické knihy nezaručuje, že vaše výsledky budou přesně odrážet autorova zjištění. Autor e-knihy vynaložil veškeré přiměřené úsilí, aby čtenářům e-knihy poskytl aktuální a přesné informace. Autor a jeho přispěvatelé nenesou odpovědnost za jakékoli neúmyslné chyby nebo opomenutí, které mohou být nalezeny. Materiál v eKnize může obsahovat informace od třetích stran. Materiály třetích stran obsahují názory vyjádřené jejich vlastníky. Elektronická kniha je chráněna autorským právem © 202 4 se všemi právy vyhrazenými. Je nezákonné redistribuovat, kopírovat nebo vytvářet odvozená díla z této e-knihy jako celku nebo zčásti. Žádná část této zprávy nesmí být reprodukována nebo redistribuována v jakékoli formě bez výslovného a podepsaného písemného souhlasu autora.

OBSAH

OBSAH 3
ZAVEDENÍ 6

1. CAMEMBERT LÍVANEČKY 8
2. KVĚTÁKOVO-ČEDAROVÉ LÍVANEČKY 11
3. BRAMBOROVÉ LÍVANEČKY PLNĚNÉ SÝREM 14
4. HRUŠKOVÉ A ČEDAROVÉ LÍVANEČKY 17
5. RICOTTA A KAŠTANOVÉ LÍVANEČKY 19
6. SÝROVÉ LÍVANEČKY GRUYERE 22
7. TRESKA, ŠKEBLE A KUKUŘIČNÉ LÍVANEČKY 24
8. ULITA LÍVANEČKY 26
9. KONZERVOVANÉ LÍVANEČKY 29
10. KRABÍ A AVOKÁDOVÉ LÍVANEČKY 32
11. LANGUSTOVÉ LÍVANEČKY 35
12. CLAM LÍVANCE 37
13. HNĚDÉ RÝŽOVÉ LÍVANEČKY 40
14. CORN LÍVANEČKY 42
15. HRAŠKOVÉ LÍVANEČKY S ČERNÝMA OČIMA 45
16. OKRA LÍVANEČKY 48
17. FAZOLOVÉ LÍVANEČKY 50
18. ZÁZVOROVÉ LÍVANEČKY ZE SLADKÝCH BRAMBOR 52
19. LILEK LÍVANEČKY 54
20. ARTYČOKOVÉ LÍVANEČKY 56
21. REBARBOROVÉ LÍVANEČKY 59
22. FÍKOVÉ LÍVANEČKY 61
23. SMĚS ZELÍ S TUŘÍNOVÝMI LÍVANCI 64
24. DEZERTNÍ CUKETOVÉ LÍVANEČKY 67
25. PÓRKOVÉ LÍVANEČKY 70
26. ČOČKOVÉ LÍVANEČKY A ŘEPNÝ VINAIGRETTE 73
27. LILEK LÍVANEC 76
28. KARI MRKVOVÉ LÍVANEČKY 78
29. SMAŽENÉ HRÁŠKOVÉ LÍVANEČKY 80
30. PLNĚNÉ BRAMBOROVÉ LÍVANEČKY 82

31. Houbové lívanečky..85
32. Cibulové lívance..87
33. Pakor a..90
34. Pastinák a mrkvové lívanečky...93
35. Patatinové lívanečky..96
36. Bramborové a ořechové lívanečky..98
37. Kukuřičné lívance z ústřice..100
38. Tuňákové lívance..102
39. Kuřecí lívanečky..104
40. Masivní hovězí lívanečky...107
41. Vaječné lívanečky s fazolemi a makarony..109
42. Čerstvá kukuřice a klobásové lívanečky...112
43. Kukuřičné lívanečky v rohlíku..115
44. Dýňové lívanečky...117
45. Špenátové lívanečky..120
46. Smažené tofu lívanečky...123
47. Rajčatové lívanečky...126
48. Bezové lívanečky..129
49. Pampeliškové lívanečky...132
50. Bezové lívanečky..135
51. Lístky z okvětních lístků růže..138
52. Holandské jablečné lívance...140
53. Jablečno-pomerančové lívanečky...142
54. Banánové lívance v tempura těstíčku...145
55. Meruňkové lívanečky..147
56. Banánové lívance Benya..150
57. Langoše a banánový lívanec..153
58. Konzervované broskvové lívanečky..155
59. Karibské ananasové lívance...158
60. Bezinkové lívanečky..161
61. Ovocné a zeleninové lívanečky...163
62. Ovocné lívanečky s citronovo-bourbonovou omáčkou...................166
63. Severní špionážní jablečné lívanečky...169
64. Ananasové banánové lívanečky..172
65. Pošírované hruškové lívanečky...175
66. Rumové třešňové lívanečky..178

67. Sumčí lívanečky 181
68. Tresky lívance 184
69. Lístky z ryb a krabího masa 187
70. Indonéské kukuřičné lívanečky z krevet 190
71. Italské špagetové squashové lívanečky 193
72. Humří lívanečky 196
73. Slávkové lívance se salsou 198
74. Chobotnicové lívanečky 201
75. Krevetový lívanec 204
76. Korejské masové lívance 206
77. Parmazán a mozzarella lívanečky 208
78. Bazalkové lívanečky 210
79. Bylinkové lívanečky s jogurtovo-meruňkovým dipem 212
80. Bernské sýrové lívanečky 215
81. Fazolové, kukuřičné a čedarové lívanečky 217
82. Mozzarellové lívanečky a špagety 220
83. Sýrové lívanečky ementál 223
84. Kukuřičné cheddar lívanečky 225
85. Rýžové lívanečky 227
86. Borůvkové/kukuřičné lívanečky 230
87. Karnevalové lívanečky 233
88. Garbanzo lívanečky s hruškovou salsou 236
89. Cizrnové lívanečky s kuskusem 239
90. Kukuřičné a pepřové lívanečky 242
91. Chanukové lívanečky 245
92. Pekanové lívance v čokoládě 248
93. Choux lívanečky 250
94. Vánoční pudingové lívanečky 253
95. Francouzské lívanečky 255
96. Javorové lívanečky 258
97. Suvganiot 260
98. Vínové lívanečky 263
99. Skořicové lívance 265
100. Kukuřičné lívanečky s pikantní omáčkou 268
ZÁVĚR 271

ZAVEDENÍ

Podle definice jsou lívanečky v podstatě smažené potraviny rozdělené do tří kategorií:

- Smažené koláče z Chou pasty nebo kynutého těsta.

- Kousky masa, mořských plodů, zeleniny nebo ovoce obalené v těstíčku a smažené.

- Malé koláčky z nakrájených potravin v těstíčku, jako jsou kukuřičné lívanečky.

Frittery jsou extrémně všestranné jídlo. Mohou to být příloha, předkrm, svačina nebo dezert. Původně byly představeny v Japonsku v 16. století a v tomto desetiletí jsou stále populárnější.

Základní tipy pro začátek

1. Nebojte se oleje. Ujistěte se, že jste do pánve přidali dostatečné množství, protože to pomůže dát lívancům křupavost, dobrou barvu a lahodnou chuť.

2. Nechte to prskat! Před vařením je třeba pánev pořádně zahřát. Pokud lívanec při dopadu na pánev nezasyčí, víte, že není připraven!

3. Nepřeplňujte pánev, protože to způsobí pokles teploty pánve, což má za následek ochablé, nedovařené lívanečky.

1. **Camembert lívanečky**

Výtěžek: 10 porcí

INGREDIENCE

- 3 lžíce másla/margarínu
- 3 lžíce univerzální mouky
- 1 šálek mléka
- 4 unce hermelínového sýra
- Sůl podle chuti
- Kajenský pepř podle chuti
- 1 velké vejce
- 1 lžíce másla/margarínu
- ½ šálku jemné strouhanky

TRASY

a) V těžkém hrnci nad medem rozpustíme máslo. teplo. Rychle vmícháme mouku. Postupně přidávejte mléko, důkladně promíchejte. Přiveďte k varu, do omáčky přidejte sýr a míchejte, dokud se nerozpustí. Podle chuti přidejte sůl a kajenský pepř.

b) Rozložte směs ¾ palce silnou na plech. Sýrovou směs nakrájíme na čtverečky.

c) Vejce rozšlehejte s vodou. Kousky sýra obalte ve strouhance a poté je ponořte do vaječné směsi. Znovu je obalte ve strouhance a setřeste přebytečné drobky.

d) Do oleje vhazujte po několika kousky sýra. Smažíme jen do zlatova.

2. Květákovo-čedarové lívanečky

Výtěžek: 24 porcí

INGREDIENCE

- 1½ šálku univerzální mouky
- 2 lžičky prášku do pečiva
- ½ lžičky soli
- 2 šálky květáku nakrájeného na kostičky
- 1 šálek nastrouhaného sýra Cheddar
- 1 lžíce cibule nakrájená na kostičky
- 1 velké vejce
- 1 šálek mléka
- Rostlinný olej

TRASY

a) Smíchejte první 3 ingredience ve velké misce; Vmícháme květák, sýr a cibuli.

b) Šlehejte dohromady vejce a mléko. Přidejte do moučné směsi a šlehejte, dokud nezvlhne.

c) Nalijte rostlinný olej do hloubky 2 palců do holandské trouby; Zahřejte na 375 stupňů f. Těsto po kulaté polévkové lžíci nakapejte do oleje a smažte 1 minutu z každé strany nebo dokud nejsou lívanečky dozlatova. Nechte dobře okapat na papírových utěrkách a ihned podávejte.

3. Bramborové lívanečky plněné sýrem

Výtěžek: 5 porcí

INGREDIENCE

- 2 libry Pečení brambor, vařené
- ⅓ šálku másla, změklého
- 5 Vaječný žloutek
- 2 lžíce petrželky
- 1 lžička soli
- ½ lžičky pepře
- Špetka muškátového oříšku
- 4 unce sýru mozzarella
- Univerzální mouka
- 2 velká vejce, lehce rozšlehaná
- 1½ šálku italské strouhanky

TRASY

a) Smíchejte brambory a máslo ve velké míse; šlehejte při střední rychlosti elektrickým šlehačem do hladka. Přidejte žloutky a další 4 přísady , dobře promíchejte. Bramborovou směs rozdělte na 10 porcí. Obalte každou porci kolem plátku sýra; tvarování do oválu.

b) Každý lehce poprašte moukou; namočte do rozšlehaného vejce a vydlabejte ve strouhance italského chleba. Dejte na 20 minut do lednice.

c) Nalijte olej do hloubky 4 palce v holandské troubě zahřejte na 340 stupňů. Smažte lívance po několika, 8 minut, jednou otočte.

4. Hruškové a čedarové lívanečky

Výtěžek: 1 porce

INGREDIENCE

- 4 středně velké hrušky Bartlett; oloupané
- 16 plátků   Ostrý sýr čedar
- ½ šálku univerzální mouky
- 2 velká vejce; utlučený do smíchání
- 2 šálky Čerstvé bílé strouhanky

TRASY

a) Nakrájejte 3 tenké vertikální plátky z protilehlých stran každé hrušky; vyřadit jádra.

b) Střídavě plátky hrušky a sýra položte 2 plátky sýra mezi 3 plátky hrušek na každý z 8 lívanců. Každý sýrovo-hruškový sendvič držte pevně pohromadě, lehce obalte moukou, pak vejci, pak strouhankou, úplně obalte a přitlačte strouhanku, aby přilnula.

c) Nalijte olej do těžké velké pánve do hloubky 1 palce a zahřejte na 350 F. Vařte lívanečky po dávkách dozlatova, otáčejte děrovanou lžící, asi 2 minuty z každé strany. Nechte okapat na papírových utěrkách.

5. Ricotta a kaštanové lívanečky

Výtěžek: 4 porce

INGREDIENCE

- 1 šálek čerstvé ricotty
- 3 velká vejce
- ½ šálku sýra Parmigiano-Reggiano
- ¼ šálku kaštanové mouky
- 1 šálek Jemně nasekaných pečených kaštanů
- 1 konzerva filet z ančoviček
- 6 stroužků česneku; jemně nasekané
- ½ šálku extra panenského olivového oleje
- 6 lžic nesoleného másla
- 1 litr čistého olivového oleje

TRASY

a) Do velké mísy dejte sýr ricotta, 2 vejce a ½ šálku Parmigiano-Reggiano a dobře promíchejte. Rukama vmíchejte kaštanovou mouku, dokud nevznikne hladké těsto podobné sušenkám

b) V malé misce rozšlehejte zbývající vejce. Vezměte malé množství směsi ricotty a vytvořte 2-palcovou kouli. Kuličku opatrně zalijeme rozšlehaným vejcem a ještě mokrou šťoucháme do nasekaných kaštanů

c) Mezitím smíchejte ančovičky s jejich šťávami, česnekem a $\frac{1}{2}$ šálku olivového oleje v malé pánvi a míchejte na středním plameni. Ančovičky rozmačkejte na pastu. Vmíchejte máslo po 1 lžíci, dokud se nerozpustí a nebude hladké

d) Kuličky ricotty smažíme na rozpáleném oleji do zlatova

6. Sýrové lívanečky Gruyere

Výtěžek: 1 porce

INGREDIENCE

- 4 plátky toastu, každý o tloušťce 1 3/8 palce
- 2½ tekuté unce Bílé víno
- 5½ unce sýra Gruyere, strouhaného
- 1 vejce
- Paprika
- Pepř

TRASY

a) Plátky toastu navlhčete trochou vína a uložte na plech.

b) Zbytek vína smícháme se sýrem, vejcem a kořením na poměrně hustou kaši a natřeme na toasty.

c) Posypeme ještě paprikou a pepřem. Krátce zapečte ve velmi horké troubě (445 stupňů F / plynová značka 8), dokud se sýr nezačne rozpouštět, ihned podávejte.

7. Treska, škeble a kukuřičné lívanečky

Výtěžek: 1 porce

INGREDIENCE

- 2 vejce, dobře rozšlehaná
- ¼ šálku škeble tekutiny
- ¼ šálku mléka
- 1 lžíce oleje
- 1½ šálku mouky
- 1 lžička prášku do pečiva
- Sůl podle chuti
- 1 šálek dobře okapané kukuřice
- ½ šálku Dobře okapané mleté škeble

TRASY

a) Rozšleháme vejce; přidejte mléko, škeble, olej a šlehejte, dokud se dobře nespojí.

b) Vmícháme mouku, prášek do pečiva a sůl podle chuti. Šlehejte, dokud se dobře nesmíchá. Přidejte kukuřici a škeble. Po dobře zakulacených lžících vhazujte do rozpáleného oleje. Vařte do zhnědnutí z obou stran. Nechte okapat na papírových utěrkách.

8. Ulita lívanečky

Výtěžek: 50 porcí

INGREDIENCE

- 2 libry   Ulita, jemně nasekaná
- 1 šálek limetkové šťávy
- ¼ šálku olivového oleje
- 1 Zelená paprika
- 1 červená paprika
- 1 velká cibule, nakrájená nadrobno
- 4 vejce, rozšlehaná
- 2 šálky mouky
- 1 lžička soli
- 1 lžička Cajun koření
- 6 teček   Tabasco omáčka
- 3 lžičky prášku do pečiva
- 5 lžic margarínu, rozpuštěného
- Rostlinný olej na smažení

TRASY

a) Marinujte lasturu v 1 šálku limetkové šťávy a ¼ šálku olivového oleje po dobu nejméně 30 minut; vypustit.

b) Smíchejte všechny ingredience dohromady. Smažíme na HORKÉM rostlinném oleji dozlatova, asi 3-5 minut. Podáváme s červenou koktejlovou omáčkou nebo tatarskou omáčkou.

9. Konzervované lívanečky

Výtěžek: 12 porcí

INGREDIENCE

- 1 vejce; dobře ubitý
- ½ lžičky soli
- ⅛ lžičky černého pepře
- ⅔ šálku bílé pšeničné mouky
- 1 lžička prášku do pečiva
- ¼ šálku vývaru nebo mléka z konzervy
- 1 lžíce másla; roztavený
- 1 šálek Mleté konzervované škeble; vyčerpaný
- Olej nebo přepuštěné máslo
- ¼ šálku zakysané smetany nebo jogurtu
- 1 lžička kopru; estragon nebo tymián

TRASY

a) Jemně promíchejte všechny ingredience dohromady, škeble přidejte jako poslední. Dejte 2 vrchovaté polévkové lžíce na lívanec na rozpálenou vymaštěnou pánev nebo železnou pánev.

b) Když bubliny prasknou, lívance otočte.

c) Podáváme teplé s kopečkem bylinkové zakysané smetany, jogurtem nebo tatarskou omáčkou.

10. Krabí a avokádové lívanečky

Výtěžek: 4 porce

INGREDIENCE

- 2 libry krabího masa
- Sůl
- 1 šálek nakrájené zelené cibule
- ¼ šálku suché strouhanky
- 1 střední avokádo, oloupané a nakrájené
- Kukuřičný olej na fritování
- Víceúčelová mouka
- Zelená cibule nakrájená na tenké plátky
- 2 vejce
- ½ šálku pálivé chilli salsy

TRASY

a) Smíchejte krab, 1 c zelené cibule a avokádo ve velké misce. Smíchejte vejce, salsu a sůl; přidat ke krabovi. Vmícháme strouhanku. Vytvořte směs do 1½ palcových kuliček.

b) Nalijte olej do velké pánve do hloubky 3 palců.

c) Zahřejte na 350 stupňů

d) Lístky poprášíme moukou. Opatrně přidávejte do oleje po dávkách (nepřecpávejte) a opékejte do zlatova, asi 2 minuty z každé strany.

e) Nechte okapat na papírových utěrkách. Přendejte na připravený plech a udržujte teplé v troubě, dokud nejsou všechny upečené. Ozdobte plátky zelené cibulky a ihned podávejte

11. Langustové lívanečky

Výtěžek: 6 porcí

INGREDIENCE

- 1 šálek langusty
- ¼ šálku Pimientos, nakrájené
- ¼ šálku zelené cibule, nakrájené
- 2 šálky mouky
- 1 lžička jedlé sody
- ½ lžičky soli
- ½ lžičky Tekutý krab vařit
- ½ šálku vývaru nebo vody
- Olej na smažení

TRASY

a) Přidejte pimientos a zelenou cibulku k langustám. Mouku, jedlou sodu a sůl prosejeme a přidáme k langustám. Přidejte vývar nebo vodu a promíchejte, aby vzniklo husté těsto. Přikryjte a nechte ½ hodiny odpočívat.

b) Po lžících přidávejte těsto a smažte do zlatohněda

12. Clam lívance

Výtěžek: 4 porce

INGREDIENCE

- 1 pinta škeblí
- 1 lžíce prášku do pečiva
- 1½ lžičky soli
- 1 šálek mléka
- 1 lžíce másla
- 1¾ šálku mouky, univerzální
- 1 lžička petrželky, nasekané
- 2 vejce, rozšlehaná
- 2 lžičky cibule, nastrouhaná

TRASY

a) Smíchejte suché ingredience. Smíchejte vejce, mléko, cibuli, máslo a škeble. Smícháme se suchými ingrediencemi a mícháme do hladka. Drop těsto pomocí lžičky do horkého tuku na 350 stupňů F a smažit po dobu 3 minut, nebo do zlatohnědé.

b) Nechte okapat na savém papíru.

13. Hnědé rýžové lívanečky

Výtěžek: 6 porcí

INGREDIENCE

- 2 šálky Vařená krátkozrnná hnědá rýže
- ½ šálku Cukr
- 3 vejce; zbitý
- ½ lžičky soli
- ¼ lžičky Vanilka
- 6 lžic mouky
- ½ lžičky muškátového oříšku
- 3 lžičky prášku do pečiva

TRASY

a) Smíchejte rýži, vejce, vanilku a muškátový oříšek a dobře promíchejte.

b) Suché ingredience prosejeme a vmícháme do rýžové směsi. Po lžících přidávejte do horkého hlubokého tuku (360) a smažte dohněda.

c) Necháme okapat na savém papíru, posypeme moučkovým cukrem a horké podáváme

14. C orn lívanečky

Výtěžek: 4 porce

INGREDIENCE

- 10 uncí Styl zeleného obřího mraženého krému
- kukuřičný olej na hluboké smažení
- ½ šálku Mouka
- ½ šálku Žlutá kukuřičná mouka
- 1 lžička Prášek do pečiva
- 1 lžička Instantní mletá cibule
- ½ lžičky Sůl
- 2 vejce

TRASY

a) Vložte neotevřený sáček s kukuřicí do teplé vody na 10 až 15 minut, aby se rozmrazil.

b) Ve fritéze nebo těžké pánvi rozehřejte 2 až 3 palce oleje na 375 stupňů. Ve střední misce smíchejte rozmraženou kukuřici a zbývající ingredience; Míchejte, dokud se dobře nespojí.

c) Vhazujte těsto po lžičkách do horkého oleje, 375 stupňů. Smažte 2 až 3 minuty nebo do zlatohnědé. Drain Na Papírové Utěrce

15. Hraškové lívanečky s černýma očima

Výtěžek: 20 porcí

INGREDIENCE

- ½ libry černookého hrášku, namočený
- 4 stroužky česneku, rozdrcené
- 2 lžičky Sůl
- 1 lžička černého pepře
- 4 lžíce vody
- Olej na smažení
- Limetková šťáva podle chuti

TRASY

a) Když hrášek změkne, setřete slupky a namočte dalších 30 minut.

b) Sceďte a opláchněte.

c) V kuchyňském robotu zpracujeme hrášek, česnek, sůl a pepř

d) Přidávejte vodu a pokračujte ve zpracování. Přidejte tolik vody, abyste získali hladké, husté pyré.

e) Předehřejte troubu na 250 F. Ve velké pánvi rozehřejte 2 až 3 palce oleje a smažte 1 vanu těsta do zlatohněda.

Opakujte, dokud není veškeré těsto tímto způsobem usmažené. Uchovávejte v troubě, aby zůstaly horké. Podávejte horké, posypané solí a limetkovou šťávou.

16. Okra lívanečky

21. Rebarborové lívanečky

Výtěžek: 1 porce

INGREDIENCE

- 1 šálek proseté nebělené mouky
- 1½ lžičky prášku do pečiva
- 2 lžičky Sůl
- ¼ lžičky mletého černého pepře
- ¼ lžičky strouhaného muškátového oříšku
- 1 špetka Cayenne
- 2 šálky čerstvé okry - nakrájené na tenké plátky

TRASY

a) Ingredience dobře promíchejte

b) Po lžičkách kápejte do oleje. Vařte dozlatova, 3–5 minut, dokud nevyplavou, a poté obraťte.

c) Nechte okapat na papírových utěrkách a podávejte horké s omáčkou podle potřeby.

17. Fazolové lívanečky

Výtěžek: 24 lívanců

INGREDIENCE

- 1 šálek hrášku, černooký
- 2 Pepř, červený, pálivý; semena, nakrájená
- 2 lžičky Sůl
- Olej, rostlinný; na smažení

TRASY

a) Fazole namočte přes noc do studené vody. Sceďte, setřete a odstraňte slupku, fazole znovu zalijte studenou vodou a namočte ještě 2-3 hodiny. Sceďte, propláchněte a dejte přes mlýnek na maso s použitím nejjemnější čepele nebo kousek po kousku zredukujte v elektrickém mixéru. Papriky umelte. Přidejte sůl a papriku k fazolím a šlehejte vařečkou, dokud nejsou světlé a nadýchané a výrazně zvětšené.

b) V těžké pánvi rozehřejte olej a směs smažte po lžících do zlatova z obou stran. Nechte okapat na papírových utěrkách. Podáváme horké jako přílohu k nápojům.

18. Zázvorové lívanečky ze sladkých brambor

Výtěžek: 1 porce

INGREDIENCE

- A; (1/2-libra) sladký brambor
- 1½ lžičky mletého oloupaného čerstvého zázvoru
- 2 lžičky čerstvé citronové šťávy
- ¼ lžičky Sušené vločky horké červené papriky
- ¼ lžičky soli
- 1 velké vejce
- 5 lžic univerzální mouky
- Rostlinný olej na fritování

TRASY

a) V kuchyňském robotu nakrájejte najemno nastrouhaný batát s zázvorem, citronovou šťávou, vločkami červené papriky a solí, přidejte vejce a mouku a směs dobře promíchejte.

b) Ve velkém hrnci rozehřejte 1,5 palce oleje a do oleje vhazujte lžíce směsi sladkých brambor, dokud nebudou zlatavé.

c) Přendejte lívanečky na papírové ubrousky, aby odkapaly.

19. Lilek lívanečky

Výtěžek: 6 porcí

INGREDIENCE

- 2 vejce, rozšlehaná
- Sůl podle chuti
- 2 lžíce mléka
- 2 lilky (lilek), nakrájené nadrobno
- Olej na hluboké smažení

TRASY

a) Vejce, sůl a mléko smíchejte dohromady a vytvořte těsto.

b) Plátky lilku namáčejte do těsta a obalené plátky lilku zprudka opečte na oleji na mírném ohni, dokud nebudou rovnoměrně hnědé.

20. Artyčokové lívanečky

Výtěžek: 6 porcí

INGREDIENCE

- ½ libry artyčokových srdcí, vařené a nakrájené na kostičky
- 4 vejce, oddělená
- 1 lžička prášku do pečiva
- 3 zelené cibule, nakrájené
- 1 lžíce nastrouhaná citronová kůra
- ½ šálku mouky
- Sůl a pepř podle chuti
- 1 lžíce kukuřičného škrobu
- 4 šálky oleje na smažení, arašídového nebo kukuřičného oleje

TRASY

a) Artyčoková srdce dejte do velké mísy a vmíchejte žloutky a prášek do pečiva. Přidejte zelenou cibuli. Vmíchejte citronovou kůru. Vmícháme mouku, sůl a pepř. V samostatné misce šlehejte bílky a kukuřičný škrob, dokud se nevytvoří vrcholy. Do artyčokové směsi vmícháme bílky.

b) S polévkovou lžící nakapejte do oleje půldolarové kopečky lívového těsta. Smažíme do zlatohněda

c) Vyjměte lívanečky děrovanou lžící a nechte je okapat na papírových utěrkách.

Výtěžek: 1 porce

INGREDIENCE

- 8 Stonky rebarbory mangold
- 1 šálek mouky
- ½ lžičky soli
- ⅛ lžičky papriky
- 1 vejce, mírně rozšlehané
- 2 lžíce oleje nebo rozpuštěného másla
- ⅔ šálku mléka
- Olej na hluboké smažení

TRASY

a) Smícháme mouku, sůl, papriku, vejce, olej nebo máslo a mléko.

b) V tomto těstíčku namáčejte kousky stonku a dobře je zakryjte. Smažte v hlubokém tuku zahřátém na 375 F nebo dokud nejsou dostatečně horké, aby zhnědly 1-palcovou kostku chleba za 1 minutu.

c) Necháme na hnědém papíře okapat ve vyhřáté troubě

22. Fíkové lívanečky

Výtěžek: 24 Obr

INGREDIENCE

- 24 Pevné zralé fíky
- 2 vejce, oddělená
- $\frac{5}{8}$ šálku mléka
- 1 lžíce oleje
- 1 špetka soli
- Nastrouhaná citronová kůra
- $20\frac{1}{2}$ unce mouky
- 1 lžíce cukru
- Olej na smažení

TRASY

a) V míse vyšleháme žloutky s mlékem, olejem, solí a citronovou kůrou. Vmíchejte mouku a cukr a dobře promíchejte. Těsto dejte na 2 hodiny do lednice.

b) Z bílků ušleháme tuhý sníh a vmícháme je do těsta. Fíky namáčejte do těsta a smažte je v rozpáleném oleji do zlatova.

c) Krátce podusíme a posypeme cukrem. Stejným způsobem lze připravit meruňky, banány a další ovoce.

23. Směs zelí s tuřínovými lívanci

Výtěžek: 6 porcí

INGREDIENCE

- ¼ šálku másla
- 1 šálek nakrájené cibule
- 1 šálek nakrájené zelené cibule
- 2 stonky celeru, nakrájené
- 2 lžíce Jemně nakrájeného zázvoru
- 2 stroužky česneku, nasekané nadrobno
- 1 libra   Baby tuřín se zelenými vršky
- 10 šálků vody
- 2 extra velké kostky kuřecího bujonu
- ½ šálku suchého bílého vína nebo vody
- ¼ šálku kukuřičného škrobu
- 6 šálků balených celých čerstvých listů špenátu
- 1¼ lžičky mletého černého pepře
- ½ lžičky soli
- ¼ šálku Neprosévané univerzální mouky
- 1 velké vejce, lehce rozšlehané

- Rostlinný olej na smažení

TRASY

a) Připravte si zeleninu.

b) Vychladlý tuřín nahrubo nastrouháme. Smíchejte nastrouhaný tuřín, mouku, vejce a zbývající ¼ t pepře a soli.

c) Na pánev přidejte vrchovatou lžičku směsi na smažení a opékejte za obracení dohněda z obou stran

24. Dezertní cuketové lívanečky

Výtěžek: 2 porce

INGREDIENCE

- 2 vejce
- ⅔ šálku Nízkotučného tvarohu
- 2 plátky bílého nebo WW rozdrobeného chleba
- 6 lžiček cukru
- 1 čárka sůl
- ½ lžičky prášku do pečiva
- 2 lžičky rostlinného oleje
- 1 lžička vanilkového extraktu
- ½ lžičky mleté skořice
- ¼ lžičky mletého muškátového oříšku
- ⅛ lžičky mletého nového koření
- 2 lžíce rozinek
- 1 šálek Nakonec nastrouhaná neoloupaná cuketa

TRASY

a) Smíchejte všechny ingredience kromě rozinek a cukety. Rozmixujte do hladka. Nalijte směs do mísy. Do vaječné směsi vmícháme cuketu a rozinky.

b) Předehřejte nepřilnavou pánev nebo gril na středně vysokou teplotu. Těsto dejte na pánev velkou lžící a vytvořte 4palcové koláče. Pečlivě lívance otočte, jakmile se okraje zdají suché.

25. Pórkové lívanečky

Výtěžek: 4 porce

INGREDIENCE

- 4 šálky nakrájeného pórku; (asi 2 libry)
- 1 lžíce rostlinného oleje
- 1 lžíce másla
- 2 šálky nakrájeného šťovíku
- 2 vejce
- ¼ šálku mouky
- ¼ lžičky sušené citronové kůry
- ¼ lžičky sladkého kari
- ¼ lžičky bílého pepře
- ½ lžičky soli
- Zakysaná smetana

TRASY

a) Na oleji a másle restujte pórek asi 7 minut, dokud se nerozvaří, ale nezhnědne

b) Přidejte šťovík a vařte dalších asi 7 minut, dokud nezvadne. Po vychladnutí rozšleháme vejce, mouku a koření. Přidejte k pórku.

c) Na pánvi zahřejte asi ¼ šálku rostlinného oleje. Nalijte dostatek pórkové směsi, abyste vytvořili palačinku 2-½"-3". Vařte 2-3 minuty na první straně, dokud lehce nezhnědne, otočte a opékejte asi 2 minuty na druhé straně.

d) Necháme okapat na papírových utěrkách a podáváme.

26. Čočkové lívanečky a řepný vinaigrette

Výtěžek: 4 porce

INGREDIENCE

- ¼ libry Červená čočka; vařené
- 1 lžíce nasekaného čerstvého kopru
- 1 lžička papriky
- ½ lžičky soli
- ¾ liber   Červené brambory; oloupané
- Olivový olej; na smažení
- ¼ libry   Zelená řepa; stonky odstraněny
- 1 lžíce balzamikového octa
- ½ lžičky hořčice mleté na kámen
- ½ lžičky kapary
- Sůl
- Čerstvě mletý černý pepř
- 3 lžíce extra panenského olivového oleje

TRASY

a) Čočkovou kaši dejte do mísy, vmíchejte kopr, papriku a ½ lžičky soli. Do mísy nastrouháme brambory a promícháme.

b) Z čočkové směsi vytvarujte lívanečky o velikosti půl dolaru a smažte v tenké vrstvě oleje dohněda

c) Dresink: Do malé misky dejte ocet, hořčici, kapary, sůl a pepř. Šlehejte olivový olej, dokud se nesmíchá. Zelenou řepu předvaříme v osolené vodě do zvadnutí. Sloužit

27. Lilek lívanec

Výtěžek: 4 porce

INGREDIENCE

- 1 malý lilek
- 1 lžička octa
- 1 vejce
- ¼ lžičky soli
- 3 lžíce mouky
- ½ lžičky prášku do pečiva

TRASY

a) Lilek oloupeme a nakrájíme. Vaříme do měkka ve vroucí osolené vodě. Přidejte ocet a nechte minutu stát, aby nedošlo ke změně barvy. Lilek sceďte a rozmačkejte.

b) Zašlehejte ostatní ingredience a vhazujte ze lžičky do horkého tuku, lívance otáčejte, aby se rovnoměrně opekly. Nechte dobře okapat na papírových utěrkách a udržujte v teple.

c) Můžeme přidat jemně nakrájenou cibuli, petržel atd.

28. Kari mrkvové lívanečky

Výtěžek: 1 porce

INGREDIENCE

- ½ šálku mouky
- 1 vejce, mírně rozšlehané
- 1 lžička kari
- ½ kila mrkve
- ¼ lžičky soli
- ½ šálku plochého piva
- 1 vaječný bílek

TRASY

a) Smíchejte mouku, sůl, vejce, 1 lžíci rostlinného oleje a pivo, abyste vytvořili hladké těsto.

b) Vmíchejte kari. Z bílků vyšleháme tuhý sníh a vmícháme ho do těsta. Jemně vmícháme mrkev.

c) Vhoďte velkou lžíci směsi do 375stupňového rostlinného oleje a opékejte asi jednu minutu z každé strany.

29. Smažené hráškové lívanečky

Výtěžek: 4 porce

INGREDIENCE

- 2 šálky polního hrášku (vařeného)
- 1 šálek mouky
- 2 lžičky prášku do pečiva
- 1 lžička pepře
- ½ lžičky soli
- 1 lžíce kari
- 2 vejce
- 1½ šálku mléka

TRASY

a) Smíchejte všechny suché ingredience. Rozšleháme vejce a mléko. Přidejte do směsi mouky. Jemně vmícháme uvařený hrášek.

b) Pusťte ze lžíce do ¾ palce horkého tuku. Smažte do světle hnědé barvy. Podává 4 až 5

30. Plněné bramborové lívanečky

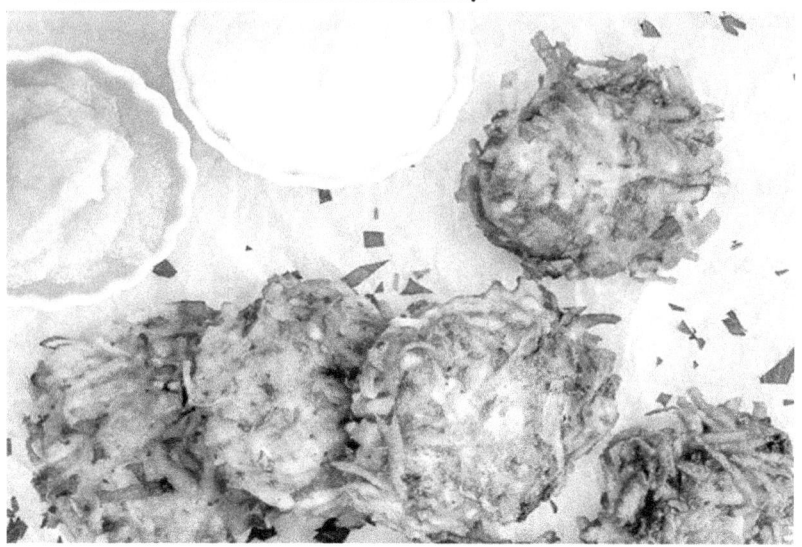

Výtěžek: 4 porce

INGREDIENCE

- 2 šálky polního hrášku (vařeného)
- 1 šálek mouky
- 2 lžičky prášku do pečiva
- 1 lžička pepře
- ½ lžičky soli
- 1 lžíce kari
- 2 vejce
- 1½ šálku mléka

TRASY

a) Smíchejte všechny suché ingredience. Rozšleháme vejce a mléko. Přidejte do směsi mouky. Jemně vmícháme uvařený hrášek.

b) Pusťte ze lžíce do ¾ palce horkého tuku. Smažte do světle hnědé barvy. Podává 4 až 5

30. Plněné bramborové lívanečky

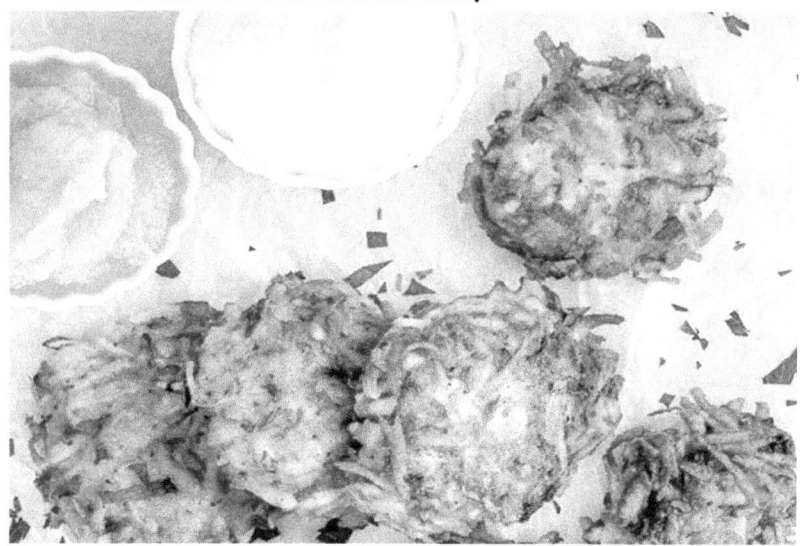

Výtěžek: 1 porce

INGREDIENCE

- ¼ šálku kukuřičného oleje
- 3 střední (1-1/2 šálku) cibule; nasekané
- 1 libra mletého hovězího masa
- 1 lžička soli
- ½ lžičky pepře
- 3 libry brambor; vařené a rozmačkané
- 1 vejce; zbitý
- 1 lžička soli; nebo ochutnat
- ½ lžičky mleté skořice
- ½ lžičky pepře
- 1 šálek moučky Matzoh

TRASY

a) Na pánvi rozehřejte olej a na mírném ohni na něm orestujte cibuli dozlatova. Přidejte hovězí maso, sůl a pepř a za stálého míchání smažte, dokud není směs suchá a veškerá tekutina se neodpaří. Přidejte bramborovou kaši.

b) V dlani vytvarujte ½ šálku bramborového těsta do kruhu. Doprostřed dejte 1 nádivku a těsto přeložte do mírně zploštělého tvaru klobásy

c) Smažíme na oleji na mírném ohni dohněda z obou stran.

31. Houbové lívanečky

Výtěžek: 6 porcí

INGREDIENCE

- 1 hrnek univerzální mouky
- 1 12 oz. plechovka piva
- 1½ lžičky soli
- ¼ lžičky černého pepře
- 1 lžička papriky
- 1 libra   žampionů
- Citronová šťáva
- Sůl
- 4 hrnky oleje na smažení

TRASY

a) Připravte těsto smícháním všeho kromě hub, soli a citronu do hladka.

b) Houby pokapeme trochou citronové šťávy a solí.

c) V těstíčku namáčíme houby a vložíme do rozpáleného oleje a vaříme dozlatova. Houby, které jsou již uvařené na plechu vyloženém savým papírem, držte v mírné troubě.

32. Cibulové lívance

Výtěžek: 6 porcí

INGREDIENCE

- 1½ hrnku čočkové nebo cizrnové mouky
- 1 lžička soli nebo podle chuti
- 1 špetka jedlé sody
- 1 lžíce mleté rýže
- Špetka kmínu/chili prášek/koriandr
- 1 až 2 čerstvé zelené chilli papričky
- 2 velké cibule, nakrájené na kroužky a oddělené
- Olej na hluboké smažení

TRASY

a) Mouku prosejeme a přidáme sůl, jedlou sodu, mletou rýži, kmín, koriandr, chilli prášek a zelené chilli papričky; dobře promíchejte. Nyní přidejte cibuli a důkladně promíchejte.

b) Postupně přilévejte vodu a míchejte, dokud nevznikne vláčné husté těsto.

c) Rozehřejte olej a lívance zlehka smažte, abyste zajistili, že těsto uprostřed zůstane měkké, zatímco vnější strana bude zlatavě hnědá a křupavá. To by mělo trvat asi 12 až 12 minut v každé dávce.

d) Na papírových utěrkách nechte lívance okapat.

33. Pakora

Výtěžek: 12 porcí

INGREDIENCE

- 1 hrnek cizrnové mouky
- ½ šálku nebělené víceúčelové mouky
- ½ lžičky jedlé sody
- ¾ lžičky vinného kamene
- ¼ lžičky mořské soli
- 1 lžička kmínového prášku a koriandrového prášku
- 1 lžička kurkumy a kajenského pepře
- 2 lžíce citronové šťávy
- 1 šálek nakrájených brambor
- 1 šálek růžičky květáku
- 1 šálek nakrájené papriky

TRASY

a) Smícháme mouky, jedlou sodu, vinný kámen, sůl a koření.

b) Postupně zašleháme vodu a citronovou šťávu, aby vzniklo hladké těsto konzistence husté smetany. Zrušit.

c) Zeleninu namáčejte v těstíčku, aby se obalila. Ponořte do horkého oleje a vařte rovnoměrně do zlatova, asi 5 minut. Odstraňte děrovanou lžící a nechte okapat na savém papíru.

34. Pastinák a mrkvové lívanečky

Výtěžek: 4 porce

INGREDIENCE

- 225 gramů pastináku; strouhaný
- 2 středně velké mrkve; strouhaný
- 1 cibule; strouhaný
- 3 lžíce čerstvě nasekané pažitky
- Sůl a čerstvě mletý černý pepř
- 2 střední vejce
- ½ balení Vepřové klobásy
- 100 gramů silného sýra Cheddar
- 40 gramů hladké mouky
- 2 lžíce nasekané čerstvé petrželky

TRASY

a) Smíchejte pastinák, mrkev, cibuli, pažitku, koření a jedno vejce, dokud se dobře nerozmixují. Rozdělte na čtyři, vyrovnejte na hrubé palačinky.

b) Rozehřejte velkou pánev a vařte párky 10 minut, občas je otáčejte dozlatova.

c) Mezitím přidejte na pánev palačinky a opékejte 3 minuty z každé strany dozlatova

d) Smíchejte zbývající ingredience, abyste vytvořili pevnou pastu a srolovali do tvaru velkého polena. Nakrájejte na čtyři. Nakrájejte klobásy a rozdělte je mezi lívanečky. Navrch každý položte plátek sýra.

e) Umístěte pod předehřátý gril a vařte 5–8 minut, dokud nezačne bublat a nerozteče. Ihned podáváme ozdobené pažitkou a chutney.

35. Patatinové lívanečky

Výtěžek: 4 porce

INGREDIENCE

- 1 libra   červenohnědých brambor
- 4 litry   panenského olivového oleje
- Sůl a pepř

TRASY

a) Brambory nakrájejte na stejně velké plátky o velikosti prstu a vložte do nové studené vody.

b) Zahřejte olej na 385 F v hrnci s dvojnásobným objemem oleje

c) Přidávejte brambory jednu hrst po druhé a vařte do zlatova. Vyjmeme a necháme okapat na papíře, dochutíme solí a pepřem a podáváme s majonézou

36. Bramborové a ořechové lívanečky

Výtěžek: 4 porce

INGREDIENCE

- 2 Vaření brambor
- Sůl
- 2 velká vejce
- ½ šálku nasekaných vlašských ořechů
- Čerstvě mletý pepř
- 5 šálků Rostlinný olej na smažení

TRASY

a) Rozehřejte olej na hluboké smažení na 360 stupňů

b) Ze směsi připravte lívanečky, ale nedávejte je do oleje. Smažte 2-3 minuty nebo dozlatova ze všech stran.

c) Přendejte na tác vyložený papírovými utěrkami.

37. Kukuřičné lívance z ústřice

Výtěžek: 1 porce

INGREDIENCE

- 2 šálky kukuřičné dužiny
- 2 vejce, oddělená
- ¼ lžičky pepře
- 2 lžíce mouky
- ½ lžičky soli

TRASY

a) Lze použít konzervovanou nebo čerstvou kukuřici. Do kukuřičné dužiny přidejte rozšlehané žloutky, mouku a koření. Přidejte tuhý sníh z bílků a promíchejte.

b) Po lžících o velikosti ústřice házejte na rozpálenou máslem vymazanou pánev a opékejte.

38. Tuňákové lívance

Výtěžek: 3 porce

INGREDIENCE

- 1 šálek mouky
- 1 lžička prášku do pečiva
- ½ lžičky soli
- 2 vejce
- ¼ šálku mléka
- 1 konzerva Tuňák, okapaný a ve vločkách
- 6 1/2 nebo 7 oz. velikost
- Sušené cibulové vločky
- Olej na smažení

TRASY

a) Do mísy prosejeme mouku, prášek do pečiva a sůl. Vejce dobře rozšlehejte. Rozšleháme v mléce. Smíchejte tekuté přísady se suchými přísadami.

b) Míchejte, dokud není veškerá mouka navlhčená. Vmícháme tuňáka. Kápejte po lžičkách do horkého oleje, 375 stupňů. Smažíme ze všech stran dozlatova. Nechte okapat na papírových utěrkách.

39. Kuřecí lívanečky

Výtěžek: 6 porcí

INGREDIENCE

- Doba přípravy 20 minut
- 2 šálky kuře; nadrobno nakrájené uvařené
- 1 lžička soli
- 2 lžičky mleté čerstvé petrželky
- 1 lžíce citronové šťávy
- 1 šálek suché hořčice
- 1 šálek bílého vinného octa
- 2 vejce; minut času vaření
- 1¼ šálku mouky
- 2 lžičky prášku do pečiva
- ⅔ šálku mléka
- ¾ šálku medu
- ¼ lžičky soli

TRASY

a) Ve velké misce promíchejte kuře se solí, petrželkou a citronovou šťávou. Odstavte na 15 minut. V další velké míse smíchejte mouku, prášek do pečiva, vejce a mléko. Míchejte, aby se dobře promíchaly.

b) Přidejte směs mouky ke kuřecímu masu a dobře promíchejte.

c) Těsto po lžících vhazujeme do rozpáleného oleje a smažíme po dávkách bez přeplňování 2 minuty do zlatova. Necháme okapat na papírových utěrkách a podáváme s medovou hořčicí na namáčení.

d) Připravte si pokyny pro medovou hořčici

40. Masivní hovězí lívanečky

Výtěžek: 5 porcí

INGREDIENCE

- 2 libry   vařené nekořeněné hovězí pečeně
- 6 lžic mléka
- 1 polévková lžíce nebělené víceúčelové mouky
- 3 velká vejce, rozšlehaná
- 1½ šálku samokypřící mouky
- 4 lžičky Sůl
- ¼ lžičky pepře

TRASY

a) Smíchejte mléko a mouku; vmícháme do vajec. Smícháme samokypřící mouku, sůl a pepř.

b) Kousky pečeného hovězího namočte do vaječné směsi a vydlabejte ve směsi mouky.

c) Smažíme v rozpáleném tuku, dokud nezhnědne a neprohřeje se. Nechte okapat na savé papírové utěrce a podávejte horké.

41. Vaječné lívanečky s fazolemi a makarony

Výtěžek: 6 porcí

INGREDIENCE

- 1 libra   fazole, vařené
- ½ libry   Makarony nebo ziti
- ¾ šálku strouhanky, neochucené
- ½ lžičky česneku, jemně nasekaného
- Nasekaná petrželka
- Marinara omáčka
- 6 lžic parmazánu, strouhaného
- 6 vajec, rozšlehaných
- Sůl/pepř
- Olej na smažení

TRASY

a) Do vajec přidejte strouhanku, sýr, petržel, sůl, pepř a česnek. Důkladně promícháme, aby vzniklo těstíčko. Olej rozehřejte na středně vysokou teplotu, za tepla by měla kapka těsta ztuhnout a vyplavat na povrch. Vkládejte do těsta po lžičkách. Netlačte se.

b) Když lívanečky nafouknou, otáčejte je, dokud nevytvoří zlatavou kůrku.

c) Smíchejte fazole, makarony a omáčku marinara ve velké servírovací misce.

42. Čerstvá kukuřice a klobásové lívanečky

Výtěžek: 24 porcí

INGREDIENCE

- 1 šálek víceúčelové mouky, prosáté
- 1 lžička prášku do pečiva
- 1 lžička soli
- $\frac{1}{8}$ lžičky pepře
- $\frac{1}{4}$ lžičky papriky
- 1 šálek klobásy, vařené a rozdrobené
- 1 šálek čerstvého kukuřičného klasu
- 2 žloutky, rozšlehané
- 2 lžíce mléka
- 2 bílky ušlehané do tuha
- Olej, na smažení

TRASY

a) Do mísy prosejeme mouku, prášek do pečiva a koření. Přidejte klobásu, kukuřici, žloutky a mléko; míchejte, dokud se nesmíchá. Vmícháme tuhý sníh z bílků.

b) Kápněte navršením lžičky do oleje zahřátého na 360 - 365 stupňů.

c) Vařte 3 až 5 minut a ze všech stran zhnědněte. Nechte okapat na papírových utěrkách.

43. Kukuřičné lívanečky v rohlíku

Výnos: 6 vnuků

INGREDIENCE

- 6 vajec; oddělené
- 12 uncí kukuřice s pimientem
- 6 Hot dogy
- ½ šálku univerzální mouky
- ½ lžičky soli
- 1 lžíce sherry na vaření

TRASY

a) Šlehejte vaječné žloutky, dokud nebudou světlé a nadýchané; přidejte kukuřici, nakrájené párky v rohlíku, mouku, sůl a sherry. Velmi dobře promíchejte. Vyšlehejte bílky, dokud nebudou stát ve špičkách. Vaječné bílky vmíchejte do hotdogové směsi a dávejte pozor, aby se neztratil vzduch.

b) Smažte na horké, lehce vymazané pánvi jako na palačinky, použijte asi ¼ šálku směsi na koláč. Podávejte najednou, horké.

44. Dýňové lívanečky

Výtěžek: 1 porce

INGREDIENCE

- 4 šálky Vařené šťouchané dýně
- 2 vejce
- 1 šálek mouky
- 1 špetka soli
- 1 lžička prášku do pečiva
- 2 vrchovaté polévkové lžíce cukru
- 250 mililitrů cukru
- 500 mililitrů vody
- 500 mililitrů mléka
- 30 mililitrů margarínu
- 20 mililitrů kukuřičného škrobu smíchaného s vodou

TRASY

a) Všechny ingredience smícháme, vytvoříme vláčné těsto a po lžících smažíme na mělkém oleji, dokud obě strany lehce nezhnědnou.

b) Necháme okapat na papíře a podáváme teplé se skořicovým cukrem nebo karamelovou omáčkou.

45. Špenátové lívanečky

Výtěžek: 4 porce

INGREDIENCE

- 1 libra   čerstvého špenátu nebo jiného
- Zelenina dle vlastního výběru
- 3 velká vejce
- 2 lžíce mléka
- 1 lžička soli
- ½ lžičky pepře
- 2 lžíce mleté cibule
- 1 lžíce nakrájeného celeru
- 1 lžíce mouky
- Stolní olej

TRASY

a) Špenát dobře propláchneme, scedíme a nakrájíme najemno.

b) Vejce oddělíme a bílky ušleháme, dokud nezměknou.

c) Smíchejte žloutky s mlékem, solí, pepřem, cibulí, celerem a moukou. Vmícháme ušlehaný sníh z bílků a špenát, dobře promícháme.

d) Tvarujte do 8 3 palcových placiček a smažte na oleji, dokud nezhnědnou.

46. Smažené tofu lívanečky

Výtěžek: 4 porce

INGREDIENCE

- 50 gramů samokypřící mouky
- Sůl a čerstvě mletý pepř
- Rostlinný olej na smažení
- 285 g tofu; nakrájíme na kousky
- 2 lžíce moučkového cukru
- 2 lžíce octa z červeného vína
- 300 gramů smíšených bobulí
- 2 šalotky; jemně nakrájené

TRASY

a) Udělejte salsu. Vložte ocet a cukr do pánve a mírně zahřejte, aby se cukr rozpustil. Přidejte bobule a šalotku a jemně povařte 10 minut, dokud nezměknou. Nechte vychladnout.

b) Vypracujte těsto, do mísy dejte mouku a postupně zašlehejte vodu.

c) V hluboké pánvi rozehřejte olej, dokud nebude horký. Tofu ponoříme do těstíčka a smažíme 1-2 minuty, dokud není těsto křupavé.

47. Rajčatové lívanečky

Výtěžek: 16 porcí

INGREDIENCE

- 1⅓ šálku švestkových rajčat, zbavených semínek, nakrájených na kostičky
- ⅔ šálku cukety, nakrájené na jemné kostičky
- ½ šálku cibule, jemně nakrájené
- 2 lžíce mátových listů, nasekaných
- ½ šálku univerzální mouky
- ¾ lžičky prášku do pečiva
- ½ lžičky soli
- ½ lžičky pepře
- Špetka skořice
- Olivový olej na smažení

TRASY

a) Smíchejte na kostičky nakrájená rajčata, cuketu, cibuli a mátu v malé misce

b) Smíchejte mouku, prášek do pečiva, sůl, pepř a skořici ve střední misce. Zeleninu vmícháme do suchých ingrediencí.

c) Na velké nepřilnavé pánvi rozehřejte olivový olej a těsto po zakulacených lžících vsypejte do oleje. Vařte do zlatova, asi 2 minuty z každé strany.

d) Necháme okapat na papírových utěrkách, podáváme horké.

48. Bezové lívanečky

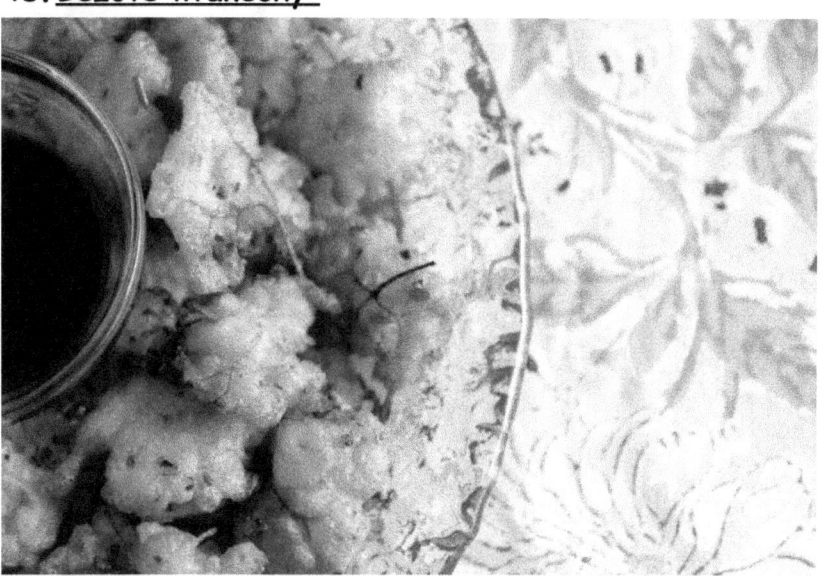

Výtěžek: 4 porce

INGREDIENCE

- Slunečnicový olej na hluboké smažení
- 8 hlávek květ černého bezu; v závislosti na velikosti
- 180 gramů hladké mouky
- 1 polévková lžíce moučkového cukru
- Špetka soli
- Jemně nastrouhaná kůra z 1 citronu
- 2 vejce
- 60 mililitrů mléka
- 60 mililitrů Suché bílé víno
- 1 Na kolečka citron a moučkový cukr

TRASY

a) Mouku prosejeme do mísy s cukrem a solí. Přidejte citronovou kůru a vejce a zakápněte asi polovinou mléka a polovinou vína. Do mouky začněte přišlehávat tekutiny, postupně přidávejte zbytek mléka a vína, aby vzniklo hladké těsto.

b) Jednu po druhé berte květiny za stonky a namáčejte je do těsta. Zvedněte a nechte odtéct přebytečné těsto, poté vsuňte do oleje.

c) Po dvou minutách by spodek měl být světle zlatohnědý. Otočte lívanečky a další minutu opékejte. Před podáváním nechte okapat na kuchyňském papíře.

49. Pampeliškové lívanečky

Výtěžek: 10 porcí

INGREDIENCE

- 1 hrnek celozrnné mouky
- 2 lžíce olivového oleje
- 2 lžičky prášku do pečiva
- 1 šálek květů pampelišky
- 1 špetka soli
- 1 vejce
- Nepřilnavý rostlinný olej ve spreji
- ½ šálku nízkotučného mléka

TRASY

a) V míse smícháme mouku, prášek do pečiva a sůl. V samostatné misce rozklepněte vejce a poté smíchejte s mlékem nebo vodou a olivovým olejem.

b) Smícháme se suchou směsí. Opatrně vmíchejte žluté květy a dejte pozor, abyste je nerozdrtili.

c) Rošt nebo pánev lehce postříkejte rostlinným olejem.

d) Zahřívejte, dokud se důkladně neprohřeje. Těsto po lžících nalijeme na pánev a pečeme jako palačinky.

50. Bezové lívanečky

Výtěžek: 1 porce

INGREDIENCE

- 8 hlávek černého bezu
- 110 gramů hladké mouky
- 2 lžíce slunečnicového oleje
- 150 mililitrů ležáku nebo vody
- 1 vaječný bílek
- Olej na smažení
- Moučkový cukr; proséval
- Klínky citronu

TRASY

a) Mouku se solí prosejeme a s olejem a ležákem vymícháme na těsto. Nechte 1 hodinu stát na chladném místě. Bílek šlehejte, dokud nedrží v tuhých špičkách. Těsně před použitím těsta vmícháme vejce.

b) V hluboké pánvi nebo fritéze rozehřejte trochu oleje. Hlavičky květů namáčejte v těstíčku a poté je vhoďte do rozpáleného oleje a smažte do zlatova.

c) Lístky nechte okapat na kuchyňském papíře. Nandejte na mísu, posypte prosátým moučkovým cukrem a podávejte s kolečky citronu.

51. Lístky z okvětních lístků růže

Výtěžek: 4 porce

INGREDIENCE

- 1 každý svazek růžových lístků
- cukrářský cukr
- sladká omáčka

TRASY

a) Vhoďte okvětní lístky a jemně promíchejte.

b) Vložíme do rozpáleného oleje a smažíme dozlatova.

c) Na smažení: Namáčejte kousky jídla do těstíčka. Smažte na 3-4 palcích tuku při 375 stupních dozlatova.

d) Nechte okapat na papírové utěrce.

e) Ovocné lívanečky posypeme cukrářským cukrem nebo přelijeme sladkou omáčkou.

52. Holandské jablečné lívance

Výtěžek: 4 porce

INGREDIENCE

- 8 velkých jablek oloupaných, zbavených jádřinců
- 2 hrnky víceúčelové mouky, prosáté
- 12 uncí Ale
- ½ lžičky soli
- Olej, sádlo nebo tuk
- Cukrářský cukr

TRASY

a) Oloupaná jablka zbavená jádřinců nakrájejte na plátky nebo nakrájejte na kolečka o tloušťce 1/3 palce.

b) Smíchejte pivo, mouku a sůl metličkou, dokud směs nebude hladká, a poté do směsi ponořte plátky jablek.

c) Smažte v hlubokém tuku nebo na 1 palci oleje v těžké pánvi při teplotě smažení 370 °. Vypusťte

53. Jablečno-pomerančové lívanečky

Výtěžek: 18 porce

INGREDIENCE

- 1 šálek mléka
- 1 Pomeranč, kůra a šťáva
- 1 vejce, rozšlehané
- 1 šálek jablek, hrubě nakrájených
- 4 lžíce margarínu
- 3 šálky koláčové mouky
- $\frac{1}{4}$ šálku cukru
- 2 lžičky prášku do pečiva
- $\frac{1}{2}$ lžičky soli
- 1 lžička vanilky

TRASY

a) Rozšleháme vejce. V míse smíchejte mléko, vejce a rozpuštěný margarín. Přidejte pomerančovou šťávu, kůru, nakrájená jablka a vanilku.

b) Prosejeme mouku, sůl, prášek do pečiva. Lžící vmíchejte do mléčné směsi, dokud se nesmíchá.

c) Předehřejte olej na pánvi na 350 °C. Konec polévkové lžíce vložíme do horkého oleje. Smažte do zlatova. Otočte, aby rovnoměrně zhnědly. Nechte vychladnout.

54. Banánové lívance v tempura těstíčku

Výtěžek: 1 porce

INGREDIENCE

- 5 banánů
- Mouka na bagrování banánů
- Rostlinný olej na hluboké smažení
- 1 vejce
- 125 mililitrů Mouka prosetá
- 1/2 lžičky jedlé sody
- Med

TRASY

a) Ingredience na těsto promíchejte metličkou, dokud nebude trochu pěna.

b) Banány nakrájejte na 1 palec / $2\frac{1}{2}$ cm kousky. Obalujte je v mouce, dokud nejsou lehce potažené.

c) Do těsta namočte několik kousků banánu a opečte je dozlatova. Nechte okapat na papírových utěrkách. Dělejte v malých dávkách, dokud nebudou všechny hotové.

d) Zahřejte med v hrnci, dokud nebude tekutý a horký; to nalijte na banány.

55. Meruňkové lívanečky

Výtěžek: 8 porcí

INGREDIENCE

- 12 malých meruněk
- 12 Celé mandle
- 2 lžíce bílého rumu
- ½ šálku nebělené víceúčelové mouky
- ½ šálku kukuřičného škrobu
- 3 lžíce cukru
- ½ lžičky soli
- ½ lžičky skořice
- ½ lžičky prášku do pečiva
- ½ šálku vody; plus
- 1 lžíce vody
- 3 lžíce rozpuštěného másla
- 1½ litru rostlinného oleje; na smažení
- Cukrářský cukr

TRASY

a) Vložte meruňky do mísy a posypte je rumem.

b) Na těsto smíchejte v míse suché ingredience a zašlehejte vodu a poté rozpuštěné máslo.

c) Vidličkou namáčejte meruňky do těsta, dokud nejsou tmavě zlaté a meruňky jsou uvařené

56. Banánové lívance Benya

Výtěžek: 1 porce

INGREDIENCE

- 1 Balíček droždí
- 1 šálek horké vody
- Cukr
- 10   Velmi měkkých banánů
- 3 lžíce skořice
- 2 lžíce muškátového oříšku
- 2½ libry mouky
- 1 ½ libry cukru
- Nastrouhaná kůra z pomeranče
- ¼ lžičky soli

TRASY

a) Do horké vody přidejte droždí a přisypte trochu cukru. Zakryjte a nechte stát, aby začal proces kynutí.

b) Banány důkladně rozmačkejte ve velké míse s droždím. Přidejte skořici, muškátový oříšek, mouku, cukr, nastrouhanou pomerančovou kůru a sůl. Důkladně promícháme a necháme přes noc odstát. Směs naroste a ztrojnásobí její množství.

c) Po lžících kapejte do hlubokého tuku; smažit do hněda. Podávejte teplé nebo studené

57. Langoše a banánový lívanec

Výtěžek: 1 porce

INGREDIENCE

- 4 Buclaté langoše
- 1 banán
- 8 uncí kukuřičné mouky
- 8 uncí hladké mouky
- 1 unce prášek do pečiva
- 3½ lžíce rajčatového kečupu
- ¼ pinty octa
- Sůl a pepř

TRASY

a) Do mísy dejte kukuřičnou mouku, mouku, sůl a pepř. Přidejte kečup a ocet a vyšlehejte do hladké pasty. Přidejte prášek do pečiva.

b) Rozpálíme pánev nebo elektrickou fritézu na 175-180C.

c) Langoše oloupeme a vyčistíme střeva. Rozdělte langoše a doprostřed položte kousek banánu. Zajistěte spolu s koktejlovou tyčinkou. Namočte do těsta a zprudka smažte.

58. Konzervované broskvové lívanečky

Výtěžek: 4-5 porcí

INGREDIENCE

- 1 plechovka (29 oz.) nakrájené broskve
- 1 šálek před měřením proseté mouky
- ½ lžičky soli
- 1 lžička prášku do pečiva
- 2 vejce; zbitý
- 1 polévková lžíce Roztavený pokrmový tuk
- ½ šálku plnotučného mléka
- Rostlinný olej

TRASY

a) Broskve sceďte a lehce posypte moukou. Mouku prosejeme se solí a práškem do pečiva. Přidáme dobře rozšlehaná vejce, rozpuštěný tuk a mléko. Dobře promíchejte.

b) Vidličkou s dlouhou rukojetí namáčejte ovoce do těsta. Přebytečné těsto nechte odkapat.

c) Vložte ovoce do horkého oleje (375) a smažte 2-3 minuty nebo do světle hnědé barvy

d) Nechte okapat na papírových utěrkách. Posypeme moučkovým cukrem.

59. Karibské ananasové lívance

Výtěžek: 1 porce

INGREDIENCE

- 2 šálky čerstvého ananasu; nakrájíme na kousky
- 1 chilský pepř Habanero; semena a mletá
- 5 pažitek; jemně mleté
- 1 cibule; mletý
- 2 stroužky česneku; rozmačkané a mleté
- 8 zelené cibule; mletý
- ½ lžičky kurkumy
- 1¼ šálku mouky
- ½ šálku mléka; nebo více
- ½ šálku rostlinného oleje; na smažení
- 2 vejce; zbitý
- Sůl a pepř
- Ananasové kroužky; na ozdobu

TRASY

a) Smíchejte prvních sedm přísad; zrušit.

b) Smíchejte mouku, mléko, vejce, sůl a pepř a dobře prošlehejte elektrickým šlehačem. Po 4 hodinách spojíme ovoce s těstem.

c) Zahřejte rostlinný olej v hluboké pánvi. Po lžících přidávejte těsto a smažte asi 5 minut, nebo dokud nejsou zlatavě hnědé.

d) Vyjměte lívanečky a nechte okapat na papírových utěrkách. Podávejte vychlazené

60. Bezinkové lívanečky

Výtěžek: 4 porce

INGREDIENCE

- 200 gramů mouky (1 3/4 šálku)
- 2 vejce
- ⅛ litr mléka (1/2 šálku plus 1/2 polévkové lžíce)
- Malá špetka soli
- 16   Bez květů se stonky
- Cukr na posypání
- 750 gramů sádla nebo tuku na smažení

TRASY

a) Metličkou smícháme mouku, vejce, sůl a mléko do těsta na palačinky. Květy černého bezu několikrát opláchněte a poté osušte papírovou utěrkou.

b) Květy krátce ponořte do těsta a poté smažte do zlatova. Poprášíme cukrem a podáváme.

61. Ovocné a zeleninové lívanečky

Výtěžek: 1 porce

INGREDIENCE

- 1 hrnek univerzální mouky
- 1 lžička prášku do pečiva
- 14 lžiček soli
- 2 velká vejce
- 2 lžičky cukru
- ⅔ šálku mléka
- 1 lžička salátového oleje
- ½ lžičky citronové šťávy
- Smíšené ovoce
- Míchaná zelenina

TRASY

a) Mouku, prášek do pečiva a sůl prosejeme dohromady. Vejce rozšlehejte, dokud nebudou světlé a nadýchané. Přidejte cukr, mléko, olej a špetku citronové šťávy; přidejte moučnou směs a míchejte jen tak dlouho, aby zvlhla. Při přípravě ovocných lívanců přidejte do mouky špetku skořice.

b) OVOCE: Jablka: Oloupejte, zbavte jádřinců a nakrájejte na ½palcové plátky. Banány: Nakrájejte na kousky a pokapejte citronovou šťávou a cukrem. Použijte konzervované broskve, ananas atd. scezením; před ponořením do těsta posypte velmi jemně moukou.

c) ZELENINA: Nakrájejte na stejně velké kousky, aby doba smažení zůstala přibližně stejná.

d) V hluboké pánvi rozehřejte olej a opečte lívance, dokud nebudou jemně hnědé, poté je nechte okapat na papírových utěrkách.

62. Ovocné lívanečky s citronovo-bourbonovou omáčkou

Výtěžek: 32 porce

INGREDIENCE

- ¾ šálku Mouka, univerzální
- ½ lžičky prášku do pečiva
- 1 vejce, rozšlehané
- 1 lžíce másla nebo margarínu, rozpuštěného
- ⅓ šálku cukru
- 1 lžíce kukuřičného škrobu
- ¾ šálku vody
- 2 lžíce másla nebo margarínu
- 1 lžička vanilky
- 4 jablka, 4 hrušky, 4 banány
- ¼ šálku Bourbon
- Citronová kůra a 4 lžičky citronové šťávy

TRASY

a) Prosejeme mouku, cukr a prášek do pečiva.

b) Smíchejte vejce, vodu, máslo a vanilku; vmíchejte do suchých ingrediencí, dokud se nerozmixují.

c) Namáčejte plátek ovoce v těstíčku; vložíme do rozpáleného oleje a smažíme z obou stran dozlatova.

d) CITRONOVO-BOURBONOVÁ OMÁČKA: Smíchejte cukr a kukuřičný škrob v malém hrnci; rozmíchejte ve vodě. Vařte za stálého míchání, dokud se směs nevyvaří a nezhoustne. Vmícháme máslo. Přidejte bourbon, citronovou kůru a šťávu; dobře promíchejte.

63. Severní špionážní jablečné lívanečky

Výtěžek: 15 porcí

INGREDIENCE

- ¾ šálku žluté kukuřičné mouky
- ½ šálku univerzální mouky
- 2 lžíce prášku do pečiva
- 6 lžic cukru
- 1 špetka soli
- 1 vejce
- ½ šálku mléka
- 1½ šálku rostlinného oleje na smažení
- 1 jablko severní Spy, oloupané
- 2 lžíce rostlinného oleje
- Cukrářský cukr na ozdobu

TRASY

a) Smíchejte všechny suché ingredience kromě cukrářského cukru

b) Přidejte tekuté ingredience (kromě 1½ šálku oleje) jednu po druhé, mezi přidáním míchejte. Vmíchejte jablko. Nechte těsto 10 minut odležet.

c) Zahřívejte olej, dokud nepraská, ne až do bodu kouření. Vhoďte těsto do oleje a vyndejte na papírovou utěrku, když je zlatohnědé.

d) Posypeme cukrářským cukrem a podáváme.

64. Ananasové banánové lívanečky

Výtěžek: 1 porce

INGREDIENCE

- 1⅓ šálku univerzální mouky
- 1½ lžičky Dvojčinný prášek do pečiva
- 3 lžíce granulovaného cukru
- 1 lžička mletého zázvoru
- ¾ šálku nakrájeného čerstvého ananasu; vyčerpaný
- ¾ šálku nakrájeného banánu
- ½ šálku mléka
- 1 velké vejce; lehce zbit
- Rostlinný olej na fritování
- Cukrářský cukr na posypání

TRASY

a) Prosejeme mouku, prášek do pečiva, krupicový cukr, zázvor a špetku soli.

b) V míse dobře promíchejte ananas, banán, mléko a vejce, přidejte směs mouky a míchejte těsto, dokud se nespojí.

c) Těsto přidávejte po lžících do oleje po dávkách a opékejte lívanečky za obracení 1 až 1 $\frac{1}{2}$ minuty, nebo dokud nejsou zlaté.

d) Lžíce přendejte děrovanou lžící na papírové utěrky, aby okapaly, a prosejte na ně cukrářský cukr.

65. Pošírované hruškové lívanečky

Výtěžek: 1 porce

INGREDIENCE

- Podmáslí sušenky
- Rostlinný olej
- 1 port na láhev
- 1 šálek vody
- 1 tyčinka skořice
- 3 Celý hřebíček
- ½ lžičky muškátového oříšku
- 1 špetka Mace
- 4 hrušky; oloupané

TRASY

a) Ingredience dejte do hrnce a přiveďte k varu a přidejte hrušky. Vařte, dokud hrušky nejsou mírně pošírované 15 až 20 minut.

b) Po vychladnutí hrušky vyjmeme a tekutiny přecedíme, vložíme zpět do hrnce a přivedeme k varu. Snížit na polovinu a odstranit z ohně. Hrušky nakrájejte na čtvrtky, odstraňte semínka.

c) Těsto rozválejte dvakrát tak, jak je šířka hrušek a tak dlouho, jak můžete získat tloušťku $\frac{1}{8}$ až $\frac{1}{4}$ palce. Na těsto naskládejte hrušky, těsto přeložte a nakrájejte kolečkem. Opakujte, dokud nespotřebujete těsto a hrušky.

66. Rumové třešňové lívanečky

Výtěžek: 6 porcí

INGREDIENCE

- ½ šálku univerzální mouky
- 2 lžíce cukrářského cukru
- ¼ lžičky soli
- 1 libra   Třešně se stonky
- Cukrářský cukr
- 2 vejce; oddělené
- 2 lžíce rumu
- ½ šálku přepuštěného másla
- ½ šálku rostlinného oleje

TRASY

a) Ve středně velké míse smíchejte mouku, žloutky, 2 t cukrářského cukru, rum a sůl na hladké těsto. Zakryjte a nechte stát 1 až 2 hodiny.

b) Z bílků ušleháme tuhý sníh a vmícháme je do těsta.

c) Zahřejte máslo a rostlinný olej ve velké pánvi na 360 stupňů F., poté snižte teplotu.

d) Třešně namáčíme do těsta a vložíme do rozpáleného oleje

e) Smažte 3 minuty, nebo dokud nejsou zlatavě hnědé

f) Odstraňte třešně. Namáčíme je do cukrářského cukru a podáváme.

67. Sumčí lívanečky

Výtěžek: 8 porcí

INGREDIENCE

- 1½ šálku mouky, univerzální
- 1 lžička soli a pepře
- 2 střední vejce
- 3 lžíce másla, nesolené; roztavený, ochlazený
- 1 hrnek mléka, plnotučné
- ½ libry   slané tresky
- 1 každý pepř, horký; nasazený
- po 2 jarních cibulkách; jemně nasekané
- 1 stroužek česneku; rozdrcený
- 1 lžíce petrželky; nasekané
- ½ lžičky tymiánu
- 1 každá bobule nového koření; země

TRASY

a) Do mísy prosejeme mouku a sůl. Vejce rozšleháme s máslem a přidáme k moučné směsi. Postupně přidávejte mléko, pouze míchejte, aby se promíchalo. Pokud je těsto příliš tuhé, přidejte více mléka.

b) Rybu roztlučte v hmoždíři s feferonkou

c) Přidejte jarní cibulku, česnek, petržel, tymián, nové koření a černý pepř podle chuti. Vmícháme do těsta

d) Rozehřejte olej a smažte směs hromaděním lžic do zlatohněda.

68. Tresky lívance

Výtěžek: 14 lívanců

INGREDIENCE

- ½ libry Sušená slaná treska, vařená a nakrájená
- Rostlinný olej na smažení
- 1½ šálku neprosévané univerzální mouky
- ½ lžičky prášku do pečiva
- ½ lžičky mletého černého pepře
- ¼ lžičky soli
- 2 velké vaječné bílky
- 2 stroužky česneku, drcený
- 2 lžíce nasekaných čerstvých lístků koriandru

TRASY

a) Ve velké míse smíchejte mouku, prášek do pečiva, mletý černý pepř a sůl.

b) V malé misce ušlehejte bílky do pěny a do směsi mouky přidejte ušlehané bílky a vodu, abyste vytvořili těsto. Přidejte nastrouhanou slanou tresku, česnek a nasekané čerstvé lístky koriandru; míchejte, dokud se dobře nespojí.

c) Po dávkách vhazujte vrchovatou lžíci těsta do rozpáleného oleje a smažte 12 minut.

d) Nechte okapat na papírových utěrkách a podávejte teplé na servírovacím talíři; ozdobíme koriandrem.

69. Lístky z ryb a krabího masa

Výtěžek: 1 porce

INGREDIENCE

- 12 uncí Čerstvá nebo mražená treska
- 6 uncí   Imitace krabího masa
- 2 vejce; zbitý
- 1/2 šálku mouky
- 1 zelená cibule; jemně nasekané
- ½ lžičky Jemně nastrouhané citronové kůry
- 1 lžička citronové šťávy
- 1 stroužky česneku; rozdrcený
- ¼ lžičky soli
- ½ lžičky pepře
- Stolní olej

TRASY

a) V nádobě mixéru nebo v misce kuchyňského robotu smíchejte rybího kraba, vejce, mouku, cibuli, citronovou kůru, citronovou šťávu, česnek, sůl a pepř. Přikryjte a rozmixujte do hladka.

b) Pánev lehce naolejujte a zahřejte

c) Lžící nalijte asi ¼ šálku těsta na pánev a rozprostřete na placičku o průměru 3 palce

d) Vařte 3 minuty z každé strany nebo dozlatova

70. Indonéské kukuřičné lívanečky z krevet

Výtěžek: 6 porcí

INGREDIENCE

- 3 kukuřičné klasy naškrábané a nahrubo nasekané
- ½ libry středních krevet vyloupaných a zbavených žil
- 1 lžička nasekaného česneku
- ½ šálku jemně nakrájené šalotky nebo: zelené cibule
- 1 lžička mletého koriandru
- ¼ lžičky mletého kmínu
- 2 lžíce nasekaných lístků koriandru
- 2 lžíce mouky
- 1 lžička soli
- 2 vejce, rozšlehaná
- Arašídový nebo rostlinný olej na smažení
- chilli omáčka na namáčení

TRASY

a) VE VELKÉ MÍSCE smíchejte kukuřici, krevety, česnek, zelenou cibulku, mletý koriandr, kmín, lístky koriandru, mouku, sůl a vejce. V pánvi rozehřejte tenkou vrstvu oleje na středně vysokou teplotu. Nalijte ¼ šálku kukuřičné směsi do pánve. Přidejte tolik, kolik se vejde do pánve s ½-palcovou mezerou mezi lívanci.

b) Smažte do zlatohnědé a křupavé; otočit. Opékejte asi 1 minutu z každé strany. Vyjměte a nechte okapat na papírových utěrkách. Během smažení zbývajících lívanců udržujte v teple.

71. Italské špagetové squashové lívanečky

Výtěžek: 4 porce

INGREDIENCE

- 2 vejce
- ½ šálku Část odtučněného sýra ricotta
- 1 unce strouhaného parmazánu
- 3 lžíce mouky
- ½ lžičky prášku do pečiva
- 2 lžičky Veg. olej
- ⅛ lžičky česnekového prášku
- ½ lžičky sušeného oregana
- ¼ lžičky sušené bazalky
- 1 lžíce mletých cibulových vloček
- 2 šálky vařených špaget

TRASY

a) V nádobě mixéru smíchejte všechny ingredience kromě špaget. Rozmixujte do hladka. Přidejte špagety

b) Nalijte směs na předehřátou nepřilnavou pánev nebo rošt postříkaný Pam. Vařte na mírném ohni dohněda z obou stran a opatrně otočte.

c) OMÁČKA: Smíchejte jednu 8oz plechovku rajčatové omáčky, $\frac{1}{4}$ lžičky sušeného oregana, $\frac{1}{8}$ lžičky česnekového prášku, $\frac{1}{4}$ lžičky sušené bazalky v malé pánvi. Zahřívejte, dokud nebude horká a bublající

d) Podávejte přes lívanečky.

72. Humří lívanečky

Výtěžek: 1 porce

INGREDIENCE

- 1 šálek nakrájeného humra
- 2 vejce
- ½ šálku mléka
- 1¼ šálku mouky
- 2 lžičky prášku do pečiva
- Sůl a pepř podle chuti

TRASY

a) Zahřívejte hluboký tuk, dokud kostka chleba nezhnědne za šedesát sekund. Zatímco se tuk zahřívá, vyšleháme vejce do světlého. Přidáme mléko a mouku prosátou s práškem do pečiva, solí a pepřem a poté vmícháme nakrájeného humra.

b) Po malých lžících přidávejte do tuku, smažte do zlatova. Necháme okapat na hnědém papíře v teplé troubě. Podávejte s rychlou citronovou omáčkou.

73. Slávkové lívance se salsou

Výtěžek: 4 porce

INGREDIENCE

- 8 mušle zelené; ze skořápky
- 6 velkých vajec; lehce pobitý
- 50 mililitrů Dvojitá smetana
- 10 mililitrů rybí pasty
- 2 lžíce polenty
- 50 gramů jarní cibulky; nakrájený
- 400 gramů Kumera; uvařené a poté oloupané
- 1 malá červená cibule; oloupané a nakrájené
- 20 mililitrů čerstvé limetkové šťávy
- 2 Nashi; jádro odstraněno a
- 30 mililitrů extra panenského olivového oleje

TRASY

a) Slávky nakrájejte na čtvrtiny a v míse je smíchejte s vejci, smetanou, nam pla, polentou a polovinou jarní cibulky. Nakonec vmíchejte kumera.

b) Smíchejte všechny ostatní ingredience na salsu včetně zbývající jarní cibulky a nechte 30 minut odstát.

c) Rozehřejte pánev a potřete olejem, pak vytvořte buď 4 velké nebo 8 malých lívanců. Opečte z jedné strany do zlatova, poté otočte a opečte z druhé strany.

74. Chobotnicové lívanečky

Výtěžek: 8 porcí

INGREDIENCE :

- 2 chobotnice asi 1 1/2 libry každá
- 1 lžička soli
- 2 litry   vody
- 2 litry   ledové vody s ledem
- 2 střední Cibule, oloupané a nasekané
- 2 vejce, rozšlehaná
- 1 šálek mouky nebo více podle potřeby
- Sůl a pepř podle chuti
- Olej na smažení

TRASY

a) Vhoďte chobotnici do velké konvice s rychle vroucí osolenou vodou. Vařte na středně vysoké teplotě asi 25 minut.

b) Sceďte a ponořte do misky naplněné ledem a ledovou vodou. Hrubým kartáčem seškrábněte fialovou kůži. Nohy odřízněte a nakrájejte najemno.

c) Vyhoďte hlavy. V míse smícháme cibuli, vejce, mouku a sůl a pepř. Přidejte nakrájenou chobotnici a dobře promíchejte. Vytvořte směs na $2\frac{1}{2}$ - 3 palce ploché placičky.

d) Na velké těžké pánvi rozehřejte asi $\frac{1}{2}$ palce oleje a opékejte lívanečky z chobotnice, dokud nebudou na každé straně dobře zhnědlé. Ihned podávejte.

75. Krevetový lívanec

Výtěžek: 8 porcí

INGREDIENCE

- ½ šálku mléka
- ½ šálku samokypřící mouky
- 1 šálek syrových krevet; nasekané
- 1 šálek vařené rýže
- 1 vejce
- ½ šálku zelené cibule; nasekané
- Sůl a pepř podle chuti

TRASY

a) Smíchejte všechny ingredience dohromady.

b) Po lžičkách vhazujte do rozpáleného oleje a smažte do zlatova. Udělejte malé a podávejte jako předkrm.

76. Korejské masové lívance

Výtěžek 4 porce

INGREDIENCE

- 2 libry   steak ze svíčkové
- 3 snítky zelené cibule, nasekané
- 2 lžíce sezamového oleje
- 2 lžičky sezamových semínek
- ½ šálku sójové omáčky
- 1 stroužek česneku, mletý
- 1 špetka černého pepře
- 5 vajec

TRASY

a) Smíchejte všechny ostatní ingredience kromě vajec a namočte maso na jednu hodinu do omáčky.

b) Maso v mouce ponoříme do mírně rozšlehaného vejce a na středním plameni smažíme dohněda. Podávejte horké s omáčkou.

c) Omáčka: 2 polévkové lžíce sójové omáčky 1 lžička nakrájené zelené cibule 1 lžička sezamových semínek 1 lžička octa 1 lžička cukru Všechny ingredience smíchejte dohromady.

77. Parmazán a mozzarella lívanečky

Výtěžek: 4 porce

INGREDIENCE

- 1 stroužek česneku; nasekané
- 2 zralé mozzarely; strouhaný
- 1 malé vejce; zbitý
- Několik lístků čerstvé bazalky
- 70 gramů parmazánu; strouhaný
- 2 lžíce   hladké mouky
- Sůl a pepř

TRASY

a) Mozzarellu, česnek, bazalku, parmazán a koření smícháme a spojíme rozšlehaným vejcem. Přidejte trochu mouky, vytvarujte a nechte asi 30 minut v lednici.

b) Před smažením lehce obalte moukou.

c) Směs by měla být poměrně měkká, protože po odležení v lednici po požadovanou dobu ztuhne. Olej v pánvi by neměl být příliš horký, jinak se lívanečky zvenčí připálí a uprostřed budou studené.

78. Bazalkové lívanečky

Výtěžek: 1 porce

INGREDIENCE

- 4 plátky chleba
- 1 unce másla
- 3 cibule
- 4 plátky Gruyere
- Paprika

TRASY

a) Chléb z obou stran zlehka opečte na másle a nandejte na plech. Nadrobno nakrájenou cibuli zalijte vroucí vodou a nechte chvíli odstát. Slijeme vodu a na zbytcích másla orestujeme cibuli do měkka.

b) Na chléb rozprostřete tence cibuli a každý plátek obložte plátkem sýra.

c) Posypte paprikou a pečte ve velmi horké troubě (445 stupňů F / plynová značka 8), dokud se sýr nerozpustí. Podávejte najednou.

79. Bylinkové lívanečky s jogurtovo-meruňkovým dipem

Výtěžek: 6 porcí

INGREDIENCE

- 3 vejce; lehce pobitý
- 150 gramů mozzarelly; strouhaný
- 85 gramů čerstvě nastrouhaného parmezánu
- 125 gramů čerstvé strouhanky
- ½ červené cibule; jemně nasekané
- ¼ lžičky červených chilli vloček
- 2 lžíce čerstvé majoránky
- 2 lžíce Nahrubo nasekané pažitky
- 5 lžic nasekané ploché listové petrželky
- 1 hrst raketových listů; nahrubo nakrájené
- 1 hrst listů baby špenátu; nasekané
- Sůl, pepř a slunečnicový olej
- 500g vana řeckého jogurtu
- 12   Sušené meruňky k přímé spotřebě; jemně nakrájené
- 2 stroužky česneku a nasekaná čerstvá máta

TRASY

a) Smíchejte ingredience na smaženici, kromě oleje a másla, dokud nebudou husté a dostatečně tuhé. Svažte se strouhankou, pokud je vlhká.

b) Smíchejte ingredience omáčky těsně před použitím. Nalijte 1 cm/ ½" oleje do pánve, přidejte máslo a zahřívejte do zamlžení.

c) Formujte oválné lívanečky, pevně je přitlačte rukou, abyste je zhutnili. Smažte na oleji 2-3 minuty do křupava.

80. Bernské sýrové lívanečky

Výtěžek: 1 porce

INGREDIENCE

- 8 uncí   strouhaného sýra Gruyere
- 2 vejce
- 2½ tekuté unce mléka
- 1 lžička Kirsch
- Tuk na smažení
- 6 plátků chleba

TRASY

a) Nastrouhaný sýr smícháme se žloutky, mlékem a Kirschem. Vmícháme vyšlehaný sníh z bílků a směsí potřeme chléb.

b) Ve velké pánvi rozehřejte tuk a do horkého tuku vložte chléb sýrem dolů

c) Když plátky zezlátnou, otočte a krátce opečte z druhé strany.

81. Fazolové, kukuřičné a čedarové lívanečky

Výtěžek: 5 porcí

INGREDIENCE

- ½ šálku žluté kukuřičné mouky
- ½ šálku nebělené bílé mouky
- ½ lžičky prášku do pečiva
- Dash Ground kmín, kajenský pepř, sůl a chilli prášek
- ½ šálku mléka
- 1 žloutek a 2 bílky
- 1 šálek černých fazolí; vařené
- 1 šálek sýra Sharp Cheddar
- ½ šálku čerstvé kukuřice; nebo mražená kukuřičná zrna
- 2 lžíce koriandru; mleté čerstvé
- Červená paprika a zelené chilli papričky, pečené

TRASY

a) Ve středně velké míse smíchejte kukuřičnou mouku, mouku, prášek do pečiva, sůl, chilli prášek, kmín a kajenský pepř.

b) Rozšleháme mléko se žloutkem a přidáme k suchým ingrediencím a dobře promícháme.

c) Vmíchejte fazole, sýr, kukuřici, koriandr, červenou papriku a zelené chilli. Jemně vmícháme sníh z bílků.

d) Zahřejte ½ šálku oleje na 10palcové pánvi na středně vysokou teplotu. Lžící přidejte asi ¼ šálku těsta na každý lívanec a smažte do zlatohněda.

82. Mozzarellové lívanečky a špagety

Výtěžek: 2 porce

INGREDIENCE

- 2 stroužky česneku
- 1 menší svazek čerstvé petrželky a 3 salátové cibule
- 225 gramů libového mletého vepřového masa
- Čerstvě nastrouhaný parmazán a uzená mozzarella
- 150 gramů špaget nebo tagliatelle
- 100 mililitrů Horký hovězí vývar
- 400 gramů plechovky nakrájených rajčat
- 1 špetka cukru a 1 špetka sójové omáčky
- Sůl a pepř
- 1 vejce a 1 lžíce olivového oleje
- 75 mililitrů mléka
- 50 gramů hladké mouky; plus, navíc za utírání prachu

TRASY

a) Smíchejte česnek, salátovou cibuli, česnek, parmazán, petržel a hodně soli a pepře. Vytvarujte osm pevných kuliček. Ve velké pánvi rozehřejte olej a opečte karbanátky. Zalijte vývarem.

b) Uvařte nakrájená rajčata, cukr, sůl a pepř a přidejte do masových kuliček

c) Do žloutku zašleháme olej, mléko, mouku a trochu soli, aby vzniklo husté hladké těstíčko. Mozzarellu nakrájíme na tenké plátky a poté zaprášíme moukou. Přidáme žloutky a vmícháme ušlehaný sníh z bílků.

d) Pomoučené plátky mozzarelly namáčejte v těstíčku a opékejte dvě minuty z každé strany, dokud nebudou křupavé a zlaté.

83. Sýrové lívanečky ementál

Výtěžek: 1 osoba

INGREDIENCE

- 1 velký plátek chleba
- 1 Nakrájejte šunku
- 1 lžíce másla
- 1 plátek ementálského sýra
- Sůl, pepř
- 1 vejce

TRASY

a) Chleba lehce opečte. Krátce orestujeme šunku, položíme na chléb, zasypeme sýrem a okořeníme.

b) Vložte do poměrně vyhřáté trouby a nechte sýr rozpustit nebo na zakryté pánvi na sporáku. Na poslední chvíli navrch sýr se sázeným vejcem.

84. Kukuřičné cheddar lívanečky

Výtěžek: 1 porce

INGREDIENCE

- 1 šálek kukuřičné mouky
- 1 šálek nastrouhaného ostrého čedaru
- ½ šálku nastrouhané cibule
- ¼ šálku mleté červené papriky
- 1 lžička soli
- Cayenne, podle chuti
- ¾ šálku vroucí vody
- Rostlinný olej na smažení
- Ostrá omáčka ve stylu Louisiany

TRASY

a) V misce smíchejte kukuřičnou mouku, čedar, cibuli, papriku, sůl a kajenský pepř.

b) Vmícháme do vroucí vody a důkladně promícháme. V hluboké těžké pánvi nebo fritéze zahřejte 3 palce rostlinného oleje na 350 F. Vhoďte 6 lžic těsta do oleje a smažte 2-3 minuty nebo dozlatova.

85. Rýžové lívanečky

Výtěžek: 12 porcí

INGREDIENCE

- 1 balení Suché droždí
- 2 lžíce   teplé vody
- 1½ šálku Vařená rýže; ochlazené
- 3 vejce; zbitý
- 1½ šálku Mouka
- ½ šálku Cukr
- ½ lžičky Sůl
- ¼ lžičky Muškátový oříšek
- Tuk na smažení
- Cukrářský cukr

TRASY

a) Droždí rozpusťte v teplé vodě. Smícháme s rýží a necháme přes noc odstát na teplém místě. Druhý den zašleháme vejce, mouku, cukr, sůl a muškátový oříšek.

b) V případě potřeby přidejte více mouky, aby vzniklo husté těsto. Zahřejte tuk na 370 stupňů nebo dokud 1-palcová kostka chleba nezhnědne za 60 sekund. Těsto z polévkové lžíce dejte do horkého tuku a smažte do zlatova, asi 3 minuty.

c) Necháme okapat na papírových utěrkách a posypeme moučkovým cukrem. Podávejte horké

86. Borůvkové/kukuřičné lívanečky

Výtěžek: 6 porcí

INGREDIENCE

- ⅔ šálek Mouka
- ⅓ šálku Kukuřičný škrob
- 2 polévkové lžíce Cukr
- 1 lžička Prášek do pečiva
- ½ lžičky Sůl
- ¼ polévkové lžíce Muškátový oříšek, mletý
- ⅓ šálku Mléko
- 2 vejce, oddělená
- Rostlinný olej
- 1½ šálku Borůvky
- Cukrářský cukr a med

TRASY

a) Ve střední misce smíchejte mouku, kukuřičný škrob, cukr, prášek do pečiva, sůl a muškátový oříšek.

b) Ve 2 šálcích odměrky smíchejte mléko, žloutky a olej. Nalijte do moučné směsi. Dobře promíchejte. Těsto bude tuhé. Vmícháme borůvky. Zrušit.

c) V malé misce s mixérem na nejvyšší úrovni ušlehejte bílky, dokud se nevytvoří tuhé špičky. Gumovou stěrkou jemně přehneme polovinu utlučeného bílky do těsta, dokud se dobře nepromísí. Poté vmícháme zbývající vyšlehané bílky do těsta,

d) Opatrně přidávejte těsto na lívance po polévkových lžících, po několika, do horkého oleje. Smažte 3–4 minuty, jednou otočte, nebo dokud nebudou lívance zlatavě hnědé.

87. Karnevalové lívanečky

Výtěžek: 18 porcí

INGREDIENCE

- 1 šálek Horká voda
- 8 lžic nesoleného másla
- 1 polévková lžíce Cukr
- ½ lžičky Sůl
- 1 šálek Víceúčelová mouka, prosévaná
- 4 vejce
- 1 lžička Čerstvě nastrouhaná pomerančová kůra
- 1 lžička Čerstvě nastrouhaná citronová kůra
- 4 šálky arašídového oleje
- Cukr pro cukráře

TRASY

a) Smíchejte vodu, máslo, cukr a sůl v malé pánvi a přiveďte k varu. Když je máslo rozpuštěné, přidáme mouku. Intenzivně promíchejte metličkou

b) Přidejte vejce, jedno po druhém, a po každém přidání důkladně prošlehejte lžící. Přidejte nastrouhanou kůru z pomeranče a citronu.

c) V hluboké pánvi zahřejte arašídový olej na 300 ° F.

d) Těsto přidávejte po lžících do horkého oleje, ne více než 4 nebo 5 najednou. Když jsou lívanečky opečené a nafouknuté, vyjměte je děrovanou lžící, nechte okapat na papírových utěrkách a posypte cukrářským cukrem.

88. Garbanzo lívanečky s hruškovou salsou

Výtěžek: 1 porce

INGREDIENCE

- 1½ šálku Vařené garbanzos, okapané
- 1 lžička Sůl
- 1 střední brambora Idaho
- 1 malý Cibule, nahrubo nastrouhaná
- 1 polévková lžíce Mouka
- 2 lžičky Omáčka z pálivé papriky
- 3 bílky, lehce našlehané
- 2 italská švestková rajčata
- 2 Pevné hrušky oloupané, zbavené jádřinců a nakrájené na kostičky
- 1 polévková lžíce Čerstvá citronová šťáva
- 6 velkých jarních cibulí, nasekaných
- 1 lžíce papričky Jalapeňo
- 1 polévková lžíce Sherry vinný ocet
- 1 lžička Med

TRASY

a) Ve střední misce smíchejte brambory, cibuli, mouku a feferonkovou omáčku. Dobře promíchejte, aby se promíchaly. Přidejte garbanzo fazole a sníh z bílků a promíchejte.

b) Zaoblené polévkové lžíce těsta vhoďte do pánve, dejte jim prostor, aby se rozležely. Vařte na středně vysokém ohni, dokud nejsou zlatavě hnědé

c) Podávejte s pikantní hruškovou salsou

89. Cizrnové lívanečky s kuskusem

Výtěžek: 1 porce

INGREDIENCE

- 7 uncí   kuskusu , vařený
- ½ malé okurky
- 2 švestková rajčata; (loupaná, semena, nakrájená na kostičky)
- 1 limetka
- 6 zelené cibule; ořezané
- 1 plechovka (14 oz) propláchnutá okapaná cizrna
- ½ lžičky Koriandr nebo koriandr a máta
- 1 červená chilli papričká; semínky nakrájené nadrobno
- 1 stroužek česneku
- Hladká mouka na posypání
- 5 uncí   FF jogurtu
- Sůl a čerstvě mletý pepř
- Paprika /kmín podle chuti

TRASY

a) Do kuskusu vmícháme rajčata, petrželku. Limetku rozpůlíme a vymačkáme šťávu. Jarní cibulky nakrájíme nadrobno na kuskus.

b) Přidejte kmín, koriandr/koriandr, chilli a lístky koriandru/koriandru. Nasekejte stroužek česneku a přidejte . Vložte okurku do mísy a vmíchejte do ní nakrájenou mátu s jogurtem se spoustou koření. Dobře promíchejte

c) vytvarujeme 6 placiček a lehce je poprášíme moukou. Přidejte do pánve a několik minut vařte .

90. Kukuřičné a pepřové lívanečky

Výtěžek: 12 lívanců

INGREDIENCE

- 1¼ šálku Kukuřice, celozrnná, čerstvá nebo mražená
- 1 šálek Paprika, červená; jemně nasekané
- 1 šálek Jarní cibulka; jemně nasekané
- 1 lžička jalapeňo; jemně mleté
- 1 lžička Mletý kmín
- 1¼ šálku mouky
- 2 lžičky Prášek do pečiva
- Sůl; ochutnat
- Pepř, černý; ochutnat
- 1 šálek Mléko
- 4 lžíce oleje

TRASY

a) Vložte kukuřici do mixovací nádoby spolu s nakrájenou paprikou, jarní cibulkou a feferonkou.

b) Přisypte kmín, mouku, prášek do pečiva, sůl a pepř; promíchejte, aby se promíchaly. Přidejte mléko a míchejte, aby se důkladně promíchalo.

c) Těsto po ¼ šálcích dejte na pánev a opékejte do zlatova na obou stranách, každá asi 2 minuty.

91. Chanukové lívanečky

Výtěžek: 1 porce

INGREDIENCE

- 2 Kvasnice, aktivní suché obálky Teplá voda
- 2½ šálku Mouka; nebělený do 3 solí
- 2 lžičky Semena anýzu
- 2 lžíce olivového oleje
- 1 šálek Rozinky; bezsemenný tmavý
- 1 šálek Olivový olej na smažení
- 1½ šálku Med
- 2 polévkové lžíce Citronová šťáva

TRASY

a) V misce smíchejte mouku, sůl a semínka anýzu. Postupně přidejte rozpuštěné droždí a 2 polévkové lžíce olivového oleje. Hněteme, dokud těsto není hladké a elastické

b) Rozinky rozprostřete na pracovní plochu a vypracujte na nich těsto. Vytvarujte do koule.

c) Rozehřejte olej a smažte diamanty po několika, otočte, dozlatova z obou stran.

d) Zahřejte med v hrnci se 2 lžícemi citronové šťávy a vařte jen 3 minuty. Uspořádejte na servírovací talíř a přelijte horkým medem.

92. Pekanové lívance v čokoládě

Výtěžek: 4 tucty

INGREDIENCE

- 2 balíčky Vanilkové karamely; 6 oz. ea.
- 2 lžíce mléka, odpařené
- 2 šálky Půlky pekanových ořechů
- 8 uncí mléčné čokolády. bar; rozbité na čtverce
- ⅓ parafínová tyčinka; rozbité na kousky

TRASY

a) Smíchejte karamely a mléko v horní části dvojitého kotle; za stálého míchání zahřívejte, dokud se karamely nerozpustí. Šlehejte dřevěnou lžící, dokud nebude krémová; vmícháme pekanové ořechy. Kápejte po lžičkách na máslem namazaný voskovaný papír; nechte 15 minut stát.

b) Smíchejte čokoládu a parafín v horní části dvojitého kotle; zahřívejte, dokud se nerozpustí a nebude hladká, za občasného míchání.

c) Pomocí párátka namáčejte každý lívanec do čokoládové směsi

d) Položte na voskovaný papír vychladnout.

93. Choux lívanečky

Výtěžek: 1 porce

INGREDIENCE

- ½ šálku másla nebo margarínu
- 1 šálek vroucí vody
- ¼ lžičky soli
- 1¾ šálku mouky
- 4 vejce
- 4 šálky rostlinného oleje; (12 oz.)
- Krystalový cukr

TRASY

a) V hrnci na mírném ohni smíchejte máslo, vroucí vodu, sůl a mouku. Směs energicky šlehejte, dokud neopustí okraje pánve a nevytvoří kouli. Odstraňte z tepla a mírně ochlaďte. Nandejte do mixéru nebo kuchyňského robotu s ocelovou čepelí a po jednom přidávejte vejce a po každém přidání dobře prošlehejte. Když jsou všechna vejce přidána a směs je hustá, měla by při zvedání lžící držet tvar.

b) Lžíci namočte nejprve do horkého oleje, poté do těsta.

c) Lžíci těsta opatrně vhodíme do rozpáleného oleje a opečeme ze všech stran dohněda. Vyjměte z oleje děrovanou lžící a nechte okapat na papírové utěrce.

94. Vánoční pudingové lívanečky

Výtěžek: 1 porce

INGREDIENCE

- 25 gramů   samokypřicí mouky
- 125 mililitrů piva
- 125 mililitrů mléka
- 125 mililitrů studené vody
- 1 Zbylý vánoční pudink
- 1 Hladká mouka
- 1 Fritéza s olejem

TRASY

a) Smíchejte první čtyři ingredience a vytvořte těsto. Odložte na 20 minut.

b) Zahřejte fritézu na 180 C.

c) Pudink nakrájejte na kostičky nebo prsty, provalejte v mouce a poté namáčejte v těstíčku. smažte dozlatova.

d) Nechte okapat na kuchyňské utěrce a podávejte.

95. Francouzské lívanečky

Výtěžek: 1 porce

INGREDIENCE

- 2 vejce; oddělené
- ⅔ šálku mléka
- 1 šálek mouky; prosíval
- ½ lžičky soli
- 1 lžíce másla; roztavený
- 2 lžíce citronové šťávy
- 1 citron; kůra nastrouhaná
- 2 lžíce cukru
- 4 Jablka nebo pomeranče, ananas
- Fíky nebo hrušky

TRASY

a) Plátky ovoce dle vlastního výběru posypte citronovou kůrou a cukrem a nechte 2 až 3 hodiny odstát. Sceďte a ponořte do řídkého těsta.

b) Těsto: Prošlehejte spolu s mixérem, žloutky, mlékem, moukou, solí, máslem a citronovou šťávou. Vmícháme tuhý sníh z bílků.

c) Smažíme v hlubokém tuku 375

d) Sceďte a podávejte horké s 10x cukrem nebo sladkým sirupem či omáčkou.

96. Javorové lívanečky

Výtěžek: 24 lívanců

INGREDIENCE

- 3 každé vejce
- 1 lžíce smetany
- ½ lžičky soli
- 2 šálky mléka
- 2 lžičky prášku do pečiva
- 4 šálky mouky

TRASY

a) Smíchejte prášek do pečiva a sůl s moukou a přidejte mléko. Vejce a smetanu rozšleháme a vmícháme do moučné směsi.

b) Vhazujte po lžících do horkého tuku, zahřátého na 370 F a smažte, dokud nebude hotový, asi 5 minut.

c) Podávejte s teplým javorovým sirupem.

97. Suvganiot

Výtěžek: 20 nebo 25

INGREDIENCE

- 1 šálek teplé vody
- 1 balení Suché droždí
- 1 lžíce cukru
- 4 šálky univerzální mouky
- 1 šálek teplého mléka
- 1 lžíce nesoleného másla (rozpuštěného)
- 1 lžíce oleje
- 1 vejce
- 2 lžičky Sůl
- 3 lžíce cukru
- Džem podle vaší chuti
- Na posypání cukr a skořice

TRASY

a) Smíchejte přísady z droždí a nechte 10 minut odpočívat.

b) Kváskovou směs smícháme se všemi ingrediencemi kromě mouky. Pomalu vmícháme mouku a dobře propracujeme. Necháme 3 hodiny odpočinout. Smažíme na rozpáleném oleji, těsto odměřujeme velkou lžící.

c) Jednou otočte, aby rovnoměrně zhnědla. Nechte okapat přes papírové ubrousky. Po vychladnutí naplníme marmeládou a posypeme cukrem a skořicí.

98. Vínové lívanečky

Výtěžek: 4 porce

INGREDIENCE

- 4 tyčinkové role
- 200 gramů mouky (1 3/4 šálku)
- 2 vejce
- ¼ litru mléka
- 1 špetka soli
- Tuk na smažení
- ½ litru vína NEBO cideru
- Cukr podle chuti

TRASY

a) Smíchejte mouku, vejce, mléko a sůl do těsta. Rohlíky nakrájíme na 4 plátky. Plátky ponořte do těsta a poté smažte do zlatohněda.

b) Uložte lívanečky do mísy a zalijte je horkým slazeným vínem nebo ciderem. Před podáváním jim dejte čas, aby víno nasákly.

99. Skořicové lívance

Výtěžek: 1 porce

INGREDIENCE

- 1 šálek horké vody
- ⅓ šálku Zkrácení
- 2 šálky mouky
- ½ šálku cukru
- 1 lžíce skořice
- Sůl
- 2 lžičky prášku do pečiva
- Olej na hluboké smažení
- ¼ skořice
- ½ šálku třtinového cukru

TRASY

a) Tuk rozpustíme v horké vodě. Vmícháme mouku, cukr, skořici, sůl a prášek do pečiva. Dobře promíchejte. Svineme do koule a těsto necháme alespoň 1 hodinu chladit. Zahřejte 1" rostlinný olej na 375 ve fritéze nebo pánvi. Odlamujte malé hrudky těsta a vyválejte z nich kuličky.

b) Smažte 3-4 minuty dohněda

c) Vyjměte z horkého oleje děrovanou lžící. Nechte okapat na papírových utěrkách a nechte několik minut vychladnout na mřížce. V misce smíchejte skořici a cukr. Teplé skořicové lívance obalíme v cukrové směsi, aby se úplně obalily. Podávejte teplé.

100. Kukuřičné lívanečky s pikantní omáčkou

Výtěžek: 8 porcí

INGREDIENCE

- 2 velká vejce; zbitý
- ¾ šálku Mléko
- 1 lžička Mletý kmín
- 2 šálky mouky
- Sůl a pepř podle chuti
- 2 šálky Kukuřičná jádra
- 3 polévkové lžíce Petržel; nasekané

Pikantní pomerančová omáčka

- ½ šálku Pomerančová marmeláda
- 1⅜ šálek Čerstvá pomerančová šťáva
- 1 polévková lžíce Zázvor; strouhaný
- ½ lžičky Dijonská hořčice

TRASY

a) V misce rozšleháme vejce a mléko. V jiné míse promíchejte kmín nad moukou. Dobře dochutíme solí a pepřem

b) Vaječnou směs metličkou zašleháme do mouky. Vmícháme kukuřici a petržel. Zahřejte olej na 375° Vložte kukuřičnou směs do horkého tuku, aniž byste přeplnili pánev. Smažte, jednou otočte, až do zlatohnědé

c) Vyjměte a nechte okapat na papírových utěrkách. Smíchejte přísady omáčky a sloužit.

ZÁVĚR

Sladký nebo slaný, pokorný lívanec je lahodně všestranný. Křupavé a teplé z pánve je náš oblíbený nejlepší způsob, jak si vychutnat pokrm z těsta, zejména jako součást líné víkendové snídaně.

S trochou opatrnosti je snadné vyrobit domácí lívanečky, které jsou bohatou a dekadentní pochoutkou, vhodnou k snídani, večeři, dezertu nebo jen tak jako svačina. V této knize je k vyzkoušení široká škála receptů na lívanečky , které jistě potěší každého.

Než začnete připravovat lívanečky, najděte si správné těsto, které vyhovuje vaší kuchyni a chuťovým pohárkům. Vyzkoušejte tento základní recept na těsto, který využívá lehce chutnající kokosový olej pro osvěžující chuť. Namíchejte si různé náplně, od sladkých a ovocných až po masové a slané.

www.ingramcontent.com/pod-product-compliance
Lightning Source LLC
LaVergne TN
LVHW021655060526
838200LV00050B/2368